Bodo Hertsch · Anatomie des Pferdes

Abbildungen: Uwe Spenlen, Rösrath

Grafische Konzeption und Gestaltung: Uwe Spenlen, Rösrath

© 1984 **FN**<i>verlag</i> der Deutschen Reiterlichen Vereinigung GmbH, Warendorf.
Alle Rechte vorbehalten. Nachdruck, auch auszugsweise, nur mit Genehmigung des Verlages und des Herausgebers gestattet.
4. Auflage 2003

Druck und Verarbeitung: Darpe Industriedruck, Warendorf

ISBN 3-88542-040-6

Prof. Dr. Bodo Hertsch

Anatomie des Pferdes

Zum Verständnis des
Körperbaues und der Lebensfunktionen.

der Deutschen
Reiterlichen Vereinigung GmbH
Warendorf

Inhalt

Das Exterieur 6	Bau der Hufwand und Hufmechanismus 34	Kreislaufsystem 62
Farben 8	Der regelmäßige Vorder- und Hinterhuf 36	Großer und kleiner Kreislauf 64
Abzeichen am Kopf 10	Die von der regelmäßigen Form abweichenden Hufformen 38	Schnitt durch das Herz (rechte Hälfte) . . 66
Abzeichen an den Gliedmaßen 12	Krankhafte Veränderungen der Hufform 40	Die Atmungsorgane 68
Das Skelett 14	Krankhafte Veränderungen an der Hufkapsel 44	Die Eingeweide 72
Der Rücken – Skelett und Muskulatur . . 16	Der Huf muss zum Fesselstand passen . . 46	Der Magen-Darm-Kanal 74
Die Brückenkonstruktion der Wirbelsäule 16	Die Arten der Fußung 48	Die Harn- und Geschlechtsorgane 76
Die Muskulatur 18	Die regelmäßige Gliedmaßenstellung . . 50	Kopfskelett und Gebiss eines ausgewachsenen Pferdes 78
Skelett der Vorder- und Hintergliedmaße 20	Abweichungen von der regelmäßigen Gliedmaßenstellung 52	Die Zahnaltersbestimmung 80
Das Wachstum an den Gliedmaßen . . . 22	Das Pferd geht wie es steht – Gliedmaßenführung von der Seite gesehen 54	Das Auge und das Sehvermögen 86
Gelenke, Muskeln und Sehnen der Vorder- und Hintergliedmaße 24	Das Pferd geht wie es steht – Gliedmaßenführung von oben gesehen 56	Querschnitt durch das Auge (Augapfel) 88
Die Belastung der Sehnen 26	Bewegungsphasen im Schritt Vordergliedmaße – Hintergliedmaße . . 58	Das Gesichtsfeld des Pferdes von der Seite und von oben 90
Das Gelenk 28	Schritt, Trab, Galopp und Sprung 60	Das Gesichtsfeld des Pferdes bei erhobenem Kopf 92
Längsschnitt der Zehe 28		Lage erkennbarer Veränderungen 94
Belastungsphasen der Zehe 30		Veränderungen an der Zehe 96
Die Hufkapsel und die Anteile der Lederhaut 32		Sachwortverzeichnis 97

Vorwort

In früherer Zeit gehörte der Umgang mit Pferden zum Alltag. Das Wissen über die Haltung und die günstigsten Lebensbedingungen wurde von Generation zu Generation vererbt. Vielen Menschen wurde eine gründliche Ausbildung im Umgang mit Pferden in staatlichen Einrichtungen (Kavallerie, Gestüte) vermittelt. Sie konnten ihr Wissen auch in den privaten Bereichen der Pferdehaltung verbreiten. Die Haltung in früherer Zeit war viel natürlicher. Die Pferde hatten mehr Arbeit und Bewegung als das in heutiger Zeit der Fall ist. Auch die Fütterungs- und Haltungsbedingungen haben sich für das Pferd in unserer modernen, technisierten Zeit erheblich gewandelt. Sie weichen immer stärker von den ursprünglichen Lebensbedingungen der Pferde ab. Als die Pferde in der Zeit nach dem 2. Weltkrieg aus der Landwirtschaft verdrängt wurden, stimmten viele Menschen der Leitidee zu: „Das Pferd muss bleiben". Und das Pferd ist in den vielfältigsten Verwendungsmöglichkeiten als Sport- und Freizeitpferd in erheblich verminderter, aber konstant bleibender Zahl geblieben. Das Interesse am Haustier Pferd ist unvermindert groß. Dabei dient das Pferd nicht als „Sportgerät", wie das oft von Außenstehenden in kritischer Art den Reitern vorgehalten wird. Wer diese Einstellung hat, degradiert das Pferd zur Maschine. Die Liebe zum Pferd ist Ausdruck einer naturverbundenen Lebenseinstellung, ohne die der Mensch nicht überleben kann.

Viele Pferdebesitzer müssen finanzielle und persönliche Opfer aufbringen, um sich ein Pferd halten zu können. Die Ausbildung der Reiter liegt auf freiwilliger Basis in den Händen der Pferdesportorganisationen. Die Deutsche Reiterliche Vereinigung bemüht sich besonders um die Lösung dieser Aufgabe.

Das Wissen um den Körperbau und die Lebensfunktionen des Pferdes ist wichtige Voraussetzung für die Erhaltung der Gesundheit des Pferdes. Die überwiegende Zahl der Erkrankungen entsteht durch Fehler in der Haltung und durch Unwissenheit über die Belastungsfähigkeit des Pferdes. Dieses Buch soll in einfacher Form notwendiges und interessantes Wissen vom Pferd nach dem heutigen Stand vermitteln. Es ist gleichzeitig Begleittext für den theoretischen Reitunterricht mit den Lehrtafeln der Deutschen Reiterlichen Vereinigung.

Warendorf, im März 1984
FN-Abteilung Sport

Vorwort (zur 2. Auflage)

Die 2. Auflage wird um Kapitel aus der Anatomie und der Bewegungsphysiologie ergänzt. Das Pferd als Bewegungstier wird hauptsächlich zum Reiten und Fahren genutzt. Fehlerhaftes Verhalten der Besitzer bei der Nutzung ist der Hauptgrund für die Entstehung chronischer Lahmheiten beim Pferd.

Die Grundlagen der Erkenntnisse der Anatomie und des Bewegungsablaufes sollen Verständnis für das sinnvolle Training der Pferde schaffen und damit unzähligen Pferden Schutz vor vorzeitiger Tötung oder lang dauernden Schmerzperioden geben.

Die Grundforderung des Tierschutzgesetzes und des Tierschutzgedankens, das Leben der Tiere zu schützen und die Tiere vor Qualen und Leiden zu bewahren, kann nur durch fundierte Sachkenntnisse erfüllt werden. Eine emotionale Entscheidung („aus dem Bauch heraus") darüber, was dem Pferd für Leistung und Gesundheit dienlich ist, gleicht einem Lotteriespiel. Kein Mensch, auch nicht der Pferdekenner, kann das Denken und Fühlen der Pferde nachempfinden. Wer Sachkenntnisse besitzt, sieht die Probleme mit anderen Augen.

Es ist deshalb in der heutigen Zeit und Gesellschaft, mit der veränderten Situation des Haustieres „Pferd" gegenüber seiner Jahrtausende dauernden Nutzung, zwingend erforderlich, dass sich die Menschen, die Pferde halten, diese Grundkenntnisse aneignen.

Dieses Buch soll ein Beitrag dazu sein. Darum wünsche ich ihm zum Wohle der Pferde viele Leser.

Isernhagen, im Oktober 1992
Bodo Hertsch

Das Exterieur

Das Exterieur, das äußere Erscheinungsbild des Pferdes, ist ein wesentlicher Bestandteil in der Beurteilung eines Pferdes. Daraus können Rückschlüsse auf die mögliche Leistungsfähigkeit des Pferdes gezogen werden. Jedoch wird die Leistungsfähigkeit eines Pferdes nicht nur durch Körperbau, Bemuskelung und Gliedmaßenstellung bestimmt. In die Tafel sind markante Punkte namentlich eingezeichnet. Zur Orientierung dienen unter der Haut hervortretende Knochenpunkte (z.B. Hüfthöcker, Sitzbeinhöcker, Jochbeinleiste), große Gelenke wie z.B. das Schulter- und das Hüftgelenk sind von Muskelmassen derart bedeckt, dass ihre Lage von außen nur schwer zu bestimmen ist. Das durchschnittliche Gewicht eines deutschen Warmblutpferdes beträgt 500 bis 650 kg. Die durchschnittliche Größe eines deutschen Warmblutpferdes beträgt als Stockmaß gemessen 160–170 cm und als Bandmaß gemessen 170–182 cm. Der gesamte Körper ist mit behaarter Haut überzogen.

Die Haut stellt sich zusammen mit dem Haarkleid als äußere Bedeckung die schützende Umhüllung des Körpers gegen die verschiedenartigsten Einflüsse der Außenwelt dar. Sie schützt den Organismus vor mechanischen, chemischen und physikalischen Einwirkungen sowie dem Eindringen von Parasiten, Bakterien und Viren. Sie befindet sich in einem Zustand dauernder Spannung, erkennbar am Klaffen der Wundränder von Schnittwunden. Die Haut ist für Wasser vollständig undurchlässig und bietet somit auch Schutz vor Austrocknung des Körpers. Ferner dient die Haut als Regulationsorgan für den Blutdruck und als Speicherorgan für das Blut.

Für die Konstanthaltung der **Körpertemperatur** ist sie mit Haaren, Talg- und Schweißdrüsen sowie Blutgefäßen ausgestattet, die vor allem der lebenswichtigen Wärmeregulierung dienen. Ein Absinken der Körpertemperatur unter 30°C oder ein Ansteigen über 43,5°C überlebt der Organismus nicht. Daher besitzt die Haut für die Wärmeregulierung ein viel dichteres Blutgefäßsystem, als zu ihrer Ernährung erforderlich ist. Durch Erweiterung oder Verengung kann der Grad der Füllung der Gefäße und damit auch die Wärmeabgabe vom zentralen Nervensystem gesteuert werden.

Die **normale Körpertemperatur** beträgt beim ausgewachsenen Pferd im Ruhezustand 37,5–38,0°C, beim Fohlen 37,5–38,5°C. Für die Hauttemperatur bestehen erhebliche topographische Unterschiede. Sie schwanken je nach Lokalisation zwischen 18,0 und 32,0°C. Bei schwerer körperlicher Anstrengung kann bei Pferden die Körpertemperatur auf 41,0°C ansteigen. Die Hautvenen werden stark erweitert und treten dann deutlich hervor. Das venöse Blut wird abgekühlt und in die Körpertiefe zurückgeleitet. Bei erhöhten Umgebungstemperaturen ist die Verdunstung als Schweiß an der Körperoberfläche der wirksamste Weg der Wärmeabgabe. Pferde können besonders intensiv an den Flanken, im Bereich des Schulterblattes und Halses schwitzen. Der Natrium- und Eiweißverlust bei Schweißsekretion kann erheblich sein. Dem jahreszeitlichen Wechsel der Außentemperaturen passen sich die Pferde durch **Wechsel des Haarkleides** im Frühjahr bzw. durch Wachstum im Herbst an. Eine Durchfeuchtung des Haarkleides setzt die Isolationswirkung erheblich herab. Durch Talgdrüsen erfolgt eine Einfettung der Haare und der Haut, um diese wasserabstoßend zu machen. Die Funktion als Sinnesorgan wird durch Rezeptoren für Temperatur, Druck, Spannung und Schmerz ermöglicht. Die **Empfindlichkeit** einzelner Hautbezirke ist verschieden. Im Bereich der Lippen ist beim Pferd die Sensibilität besonders hoch.

Das **Haarkleid** des Pferdes besteht aus den die Farbe bestimmenden Fellhaaren, den dazwischen stehenden kürzeren Wollhaaren, den langwüchsigen, elastischen Rosshaaren (Stirnschopf, Mähne, Schweifhaare, Behang) und den vereinzelt stehenden, steifen Tasthaaren um Maul, Nüstern und Augen. Die Fellhaare (Deckhaare) sind über die gesamte Körperoberfläche gleichmäßig verteilt. Die Haarrichtung und eventuell vorhandene Haarwirbel bleiben während des gesamten Lebens eines Pferdes konstant.

Besondere Gebilde der Haut sind der **Sporn** an der Rückseite des Fesselkopfes, die **Kastanie** (vorne innen oberhalb des Vorderfußwurzelgelenks, hinten innen unterhalb des Sprunggelenkes) und die **Hufkapsel**.

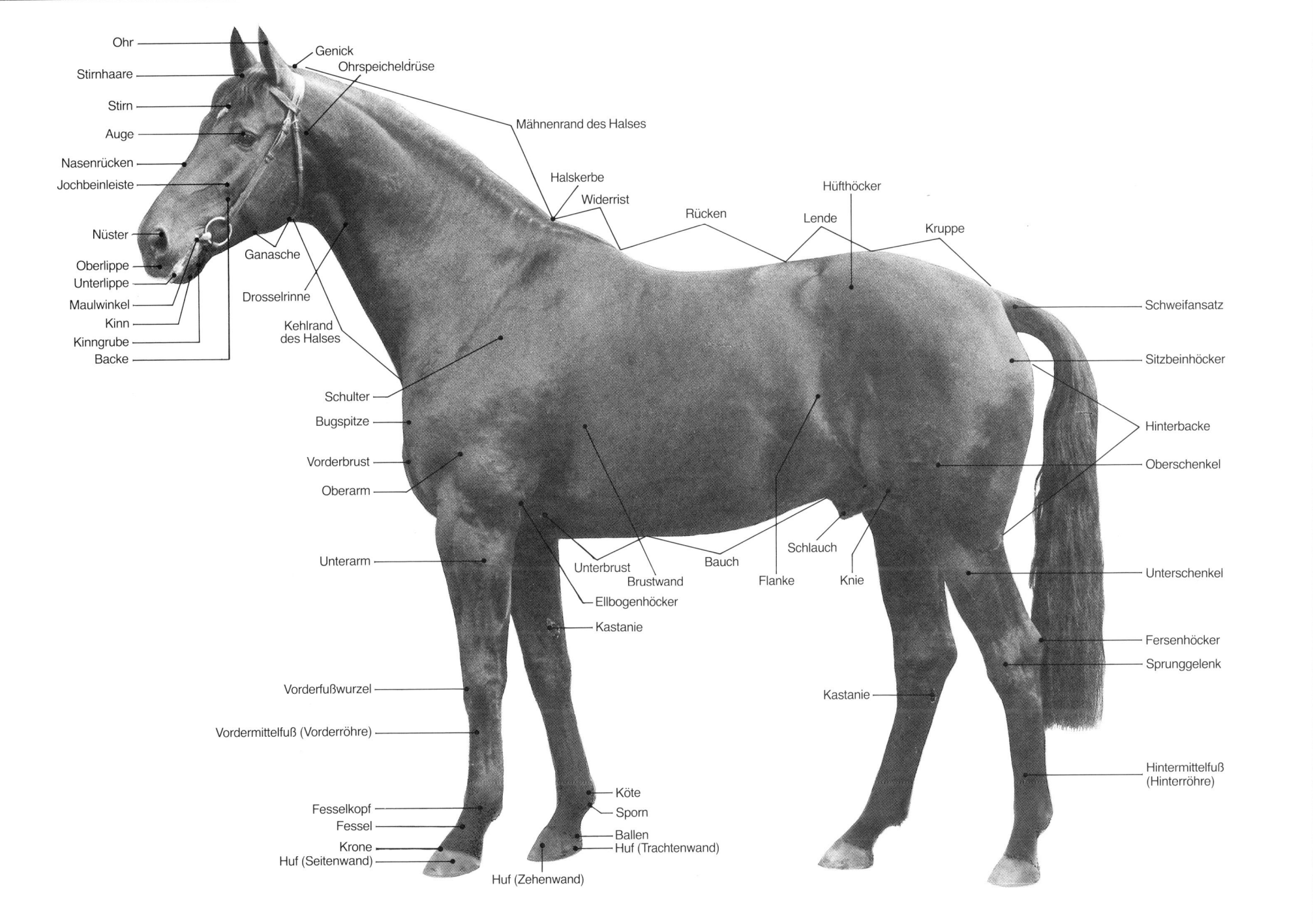

Farben

Die Farbe der **Fellhaare (Deckhaare)** ergibt die Grundfarbe des Pferdes. Die Farbe der Haare richtet sich nach dem **Pigmentgehalt** (ohne/weiß, etwas/gelb, mehr/rot, viel/braun, sehr viel/schwarz). Die Haarfärbung braucht nicht mit der Farbe der Haut übereinzustimmen. Besondere Gebilde der Haut sind der Sporn an der Rückseite des Fesselkopfes, die **Kastanie** (vorne innen oberhalb des Vorderfußwurzelgelenkes, hinten innen unterhalb des Sprunggelenkes) und die **Hufkapsel**. Auch am Huf richtet sich die Farbe nach dem Pigmentgehalt. Die Farbe eines Pferdes ist nur selten einheitlich, meist besteht sie aus einer Vielzahl von Farbtönen. Darum versteht man unter Farbe stets die Grundfarbe der Deckhaare. Für gleiche Farben und gleiche Abzeichen beim Pferd bestehen im deutschen Sprachraum verschiedenartige Ausdrücke. Um Missverständnisse zu vermeiden, sollte man sich an eine möglichst einfache, übersichtliche und einheitliche Bezeichnung halten. Man unterscheidet heute folgende Farben:

1. **Rappe** (R.): Das Deckhaar des Rappen ist schwarz.
2. **Brauner** (B.): Das Deckhaar ist braun. Im Gegensatz zum Fuchs sind Beine und **Schutzhaar** (Schöpf, Mähne, Schweif und Behang) vorwiegend **schwarz**. Folgende Tönung der braunen Farbe wird unterschieden: Hellbrauner (Hlb.), Brauner (B.), Dunkelbrauner (DB.), Schwarzbrauner (Schwb.).
Pferde mit schwarzer Farbe, aber geringer Braunfärbung in den Flanken und einem bräunlichen Maul, dem so genannten Kupfermaul, gehören zu den Schwarzbraunen.
3. **Fuchs** (F.): Beim Fuchs ist das Deckhaar rot, die Schutzhaare (Schöpf, Mähne, Schweif und Behang) müssen fuchsfarben oder hell sein, sie dürfen keine schwarzen Haare enthalten. Nach der Tönung wird die Fuchsfarbe unterschieden in: Hellfuchs (Hlf.), Fuchs (F.) und Dunkelfuchs (Df.).
4. **Schimmel** (Sch.): Schimmel besitzen eine Weißzeichnung der Deckhaare. Dabei kann die Farbe der Haut schwarz oder rosafarben (pigmentfrei) sein. Schimmel werden in der Regel dunkel als Rappe, Brauner oder Fuchs geboren. Die Schimmelfarbe kann nur dann entstehen, wenn wenigstens ein Elterntier Schimmel ist. In solchen Fällen wird die jeweilige Farbe zum Zeitpunkt der Geburt festgelegt und im Fohlenschein vermerkt: „Kann Schimmel werden". Mit zunehmendem Alter tritt dann die Schimmelfärbung immer deutlicher hervor. Man unterscheidet nach den Grundfarben Fuchsschimmel (Fsch.), Rappschimmel (Rsch.) und Braunschimmel (Bsch.). Am Körper des Schimmels können schwarze oder braune **Fliegen- oder Muskatflecken** auftreten. Die Apfelung verschwindet mit zunehmendem Alter. Helle und dunkle Hufe sind besonders hervorzuheben.
5. **Falbe** (Falbe): Der Falbe entspricht dem Braunen. Jedoch ist die Deckhaarfärbung gelb bis grau (mausfarben). In jedem Fall müssen schwarze Beine und Schutzhaare vorhanden sein.
6. **Schecke** (Schecke): Kennzeichen für die Scheckfarbe ist das Vorhandensein von großen zusammenhängenden Farbflecken. Entsprechend der Farbe bezeichnet man Fuchsschecken, Braunschecken und Rappschecken.
7. **Isabell** (Is.): Der Isabell entspricht dem Fuchs, jedoch ist das Deckhaar gelb statt rot. Die Schutzhaare sind immer hell.
8. **Tiger** (Tiger): Kennzeichnend ist das Vorhandensein von verschieden großen, meist rundlichen oder länglichen Flecken, die mehr oder weniger auf den ganzen Körper verteilt sind. Je nach der Farbe werden sie als Fuchstiger, Rapptiger oder Brauntiger bezeichnet. Beschränkt sich die Tigerung nur auf Lende oder Kruppe, wird auch der Ausdruck Schabrackentiger verwendet.

Abzeichen am Kopf

1. **Stirnhaare** (Sth.)
   Einzelne weiße Haare auf der **Stirn** (bis zum unteren Augenrand reichend).
2. **Flocke** (Fl.)
   Kleines weißes Abzeichen auf der Stirn in der Größe einer Schneeflocke.
3. **Stern** (St.)
   Größerer weißer Fleck auf der Stirn von unterschiedlicher Form.
4. **Strich** (Str.)
   Schmales weißes Abzeichen auf dem **Nasenrücken** (vom unteren Augenrand bis zum oberen Nüsternrand reichend).
5. **Blesse** (Bl.)
   Weißes Abzeichen, das von der **Stirn** bis in die **Nüsterngegend** reicht.
6. **Durchgehende Blesse** (dchg. BL)
   Durchlaufendes weißes Abzeichen von der Stirn bis auf den Rand der Oberlippe.
7. **Untere Blesse** (unt. BL)
   Weißes Abzeichen, das etwa auf der Mitte des Nasenrückens beginnt.
8. **Schnippe** (Sehn.)
   Weißes oder fleischfarbenes Abzeichen verschiedener Größe und Form in der Gegend von Nüstern und Oberlippe.
9. **Oberlippe bzw. Unterlippe weiß** (Obl. bzw. Ul. w.)
   Weißes Abzeichen an der Ober- oder Unterlippe.
10. **Krötenmaul**
    Das ganze Maul ist rosa mit dunklen Tupfen.
11. **Milchmaul**
    Weißfärbung der Ober- und Unterlippe von den Nüstern bis zur Kinngrube.
12. **Laterne**
    Sehr breites, bis auf die Augenbögen und die Nüstern reichendes weißes Abzeichen.

Stirnhaare
Sth.

Flocke
Fl.

Stern
St.

unterbrochener, länglicher Stern
unterbr., lgl. St.

halbmondförmiger, links geöffneter Stern
halbm.l.geöffn.St.

am Rande schattiert, großer Stern
a.Rd.schatt.,gr.St.

großer, langer Keilstern
gr.lg.Kst.

langer Strich
lg.Str.

oben verbreitert Schnurblesse
ob.verbr.Schnurbl.

oben am Rand stichelhaarige, fast durchgehende schmale Blesse
ob.a.Rd.stichelh., fast dchg.schmale B.

oben unregelmäßige, unten gefleckte, durchgehende Blesse
ob. unreg., unt. gelf., dchg. Bl.

oben unterbrochene, unten geschnürte Blesse
ob. unterbr., unt. geschn. Bl.

breite, oben unregelmäßige nach links auslaufende Blesse
br., ob. unreg. n. l. auslfd. Bl.

untere, in linke Nüster reichende, unregelmäßige breite Blesse, Oberlippe weißer Fleck
unt., i. l. Nüster rchd., br. Bl., Oberlippe w. Fl.

Schnippe
Schn.

sehr große, durchgehende, in beide Nüstern reichende, hoch auslaufende Schnippe
sehr gr. dchg. i. bd. Nüst. rchd., hoch ausl. Schn.

Stern, Strich, unten verbreiterte Schnippe
St., Str., unt. verbr. Schn.

Oberlippe weiß
Obl. w.

Großer, unregelmäßiger, in der Mitte geschnürter Keilstern, unregelmäßige, in weiße Oberlippe auslaufende Schnippe
gr., unreg., i. d. Mi. geschn. Kst., unreg., i. w. Obl. auslfd. Schn.

Laterne, rechts Glasauge
Laterne, r. Glasauge

Abzeichen an den Gliedmaßen

Bei Angabe der Abzeichen an den Gliedmaßen wird folgende Reihenfolge eingehalten: vorne links, vorne rechts, hinten links, hinten rechts.

Dazu wird an den einzelnen Gliedmaßen die Höhe und Art der Weißbezeichnung angegeben. Die Gliedmaße wird unterteilt in

1. **Bein** (Abkürzung = Bein), das ist die gesamte Gliedmaße
2. **Fuß** (Fuß), Teil des Beines unterhalb des Vorderfußwurzelgelenkes, bzw. unterhalb des Sprunggelenkes
3. **Fessel** (Fsl.), von der weitesten Stelle des Fesselkopfes bis zum Ansatz der Hufkapsel
4. **Krone** (Kr.), ein bis drei cm breiter Streifen oberhalb der Hufkapsel
5. **Ballen** (Bln.), der hintere Abschnitt der Krone, wobei zwischen äußerem und inneren Ballen sowie der Ballengrube unterschieden wird.

Die Abzeichen können **rein weiß** sein, **stichelhaarig**, **schattiert** oder **am Rand stichelhaarig** bzw. **schattiert**. Von **stichelhaarig** (stichelh.) spricht man dann, wenn die Körperfarbe überwiegt und nur vereinzelt weiße Haare auftreten. Überwiegen dagegen die weißen Haare, wird das Abzeichen **schattiert** (schatt.) genannt. Ein kleines weißes Abzeichen wird auch als **Fleck** (Fl.) bezeichnet, z.B. Kronenfleck (Krfl.) und Krötenfleck (weißes Abzeichen am Sporn). Dunkle Haarflächen in einem weissen Abzeichen sollte man zur besseren Differenzierung **Tupfen** nennen.

Als sonstige Kennzeichen können alle die Merkmale herangezogen werden, ob angeboren oder erworben, die unveränderlich und bleibend sind. Dazu zählen:

1. Körperflecke (angeboren)
2. Gurt- und Sattelflecke (erworben)
3. Haarwirbel, Beschreibung nach Lage, Form und Richtung
4. Aalstrich (dunkler Strich vom Widerrist bis zum Schweifansatz)
5. Schulterkreuz (über Widerrist und Schulter verlaufende Querbinde in Verbindung mit dem Aalstrich)
6. Querstreifen an den Beinen
7. Farbabweichungen der Augen
    a) Glasauge o. Fischauge (weiße oder helle Färbung der Iris)
    b) Birkauge (außen weißer Ring um die Iris)
8. Farbabweichungen der Hufe
9. Brandzeichen
10. Narben
11. Muskeldellen (Vertiefungen in der Hals- und Sitzbeinmuskulatur)
12. Edelflecken (dunkle Stellen im Haarkleid beim Fuchs).

linker Vorderballen
weiß
l. Vbln. w.

linke Vorderkrone
außen weißer Fleck,
rechte Vorderkrone
weiß
**l. Vkr. auß. w. Fleck,
r. Vkr. w.**

linke Vorderkrone außen gefleckt
weiß, rechte Vorderkrone und
Vorderballen weiß
**l. Vkr. auß. gefl. w.,
r. Vkr. u. Vbln. w.**

linke Vorderfessel weiß,
rechte Vorderfessel un-
regelmäßig gefleckt weiß
**l. Vfsl. w., r. Vfsl.
unreg. gefl. w.**

linke Vorderfessel weiß, außen Kro-
nenflecke, Kötenfleck, rechte
Vorderfessel halb weiß
**l. Vfsl. w., auß. Krflecke,
Kötenfleck, r. Vfsl. halb. w.**

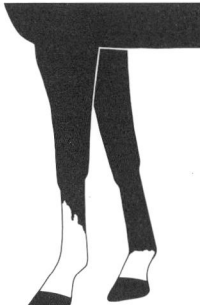

linker Vorderfuß
unreglmäßig hoch weiß,
rechte Vorderfessel weiß
**l. Vf. unreg. h. W.,
r. Vfsl. w.**

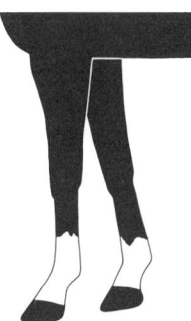

beide Vorderfüße
unregelmäßig halb weiß
bd. Vf. unreg. halb w.

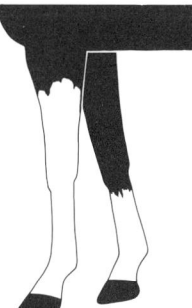

linkes Vorderbein
unregelmäßig,
rechter Vorderfuß hoch
weiß
**l. Vb. unreg., r. Vf.
hoch w.**

linke Hinterfessel
schattiert, rechte Hinterfessel weiß
l. Hfsl. schatt., r. Hfs

beide Hinterfüße un-
regelmäßig hoch weiß,
an der Vorderseite über
Sprunggelenk spitz aus-
lautend
**bd. Hf. unreg. hoch w.,
a. d. Vs. üb. Sprunggel.
spitz auslfd.**

linke Hinterfessel
unregelmäßig halb
weiß, rechter Hinterfuß
innen unregelmäßig halb
weiß
**l. Hfsl. unreg. halb w.,
r. Hf. inn. unreg. halb
w.**

linker Hinterballen weiß,
rechter Hinterfuß
unregelmäßig halb weiß
**l. Hbn. w., r. Hf. unreg.
halb w.**

Das Skelett

Das Skelett dient dem Körper als festes, stützendes Gerüst. Durch die Ausbildung beweglicher Verbindungen, der Gelenke sind Bewegungen möglich.

Knochen

Die Knochen sind harte, aber dennoch elastische Gebilde. Sie bestehen aus einem Drittel aus organischer Substanz und zu zwei Dritteln aus anorganischem Material (Calciumphosphat 85%, Calciumcarbonat 10%, Magnesiumphosphat, Calciumfluorid).

Die Knochen sind mit Auswüchsen, Fortsätzen, Leisten, Knorren, Höckern, warzigen und rauen Flächen und Vertiefungen versehen, die den Sehnen, Muskeln und Bändern zur Anheftung dienen. Auf den Oberflächen vieler Knochen sieht man Rinnen, in denen Gefäße und Nerven verlaufen. Alle Knochen haben Löcher und Kanäle die in das Innere führen. Die Knochen sind oberflächlich von der nerven- und gefäßreichen Beinhaut überzogen. Die Form der Knochen ergibt sich aus ihren Aufgaben (Stützung, Fortbewegung, Bildung von Hohlräumen). Der Knochen selber ist kein totes Organ. Er ist sehr gut durchblutet. Das Knochenmark ist an der Blutbildung beteiligt. Die Knochensubstanz unterliegt einem ständigen Umbauprozess. Das Regenerationsvermögen, die biologische Anpassungsfähigkeit an veränderte Belastungsverhältnisse ist sehr groß. Folgende Knochenformen lassen sich unterscheiden:

1. **Röhrenknochen**
   Sie sind längliche Säulen, deren Schaft aus einem kompakten Knochenmantel besteht, der die Markhöhle umschließt. Die Endstücke sind von Knochenbälkchen durchzogen, die je nach Beanspruchung des Knochens in mathematisch festlegbaren Zug- und Drucklinien angeordnet sind. Damit wird durch ein Minimum an Material ein Maximum an mechanischer Beanspruchungsfähigkeit hergestellt. Ihre Anordnung kann sich während des Lebens entsprechend einer veränderten Beanspruchung (Training, Erkrankung) verändern. Die Röhrenknochen finden sich an den Gliedmaßen. Sie bilden hier ein- oder zweiarmige Hebel, die weitausgreifende Bewegungen ermöglichen (**Unterarmknochen, Unterschenkelknochen, Vorder- und Hintermittelfußknochen**).
   Der Röhrenknochen ist also nur im Schaft eine wirkliche Röhre. Sein Hohlraum ist die Markhöhle. Die Markhöhle und die Maschen in den Endstücken enthalten das Knochenmark, das nach seiner Farbe in rotes und gelbes Mark geschieden wird. Das rote Knochenmark ist die Bildungsstätte der roten Blutkörperchen. Das gelbe ist zellarm und verdankt seine Farbe dem hohen Fettgehalt (bis 90%). Bei alten und unterernährten Pferden wird das Mark infolge des Fettschwundes gallertig.

2. **Kurze Knochen**
   Sie sind von unregelmäßig würfelförmiger, zylindrischer oder rundlicher Gestalt und bestehen aus einem Knochenbälkchengerüst, das von einem dünnen Knochenmantel umgeben ist. Sie sind sehr zahlreich (**Wirbel, Vorder- und Hinterfußwurzelknochen**) und ermöglichen durch ihre Summierung vielseitige und vielgestaltige Bewegungen.

3. **Platte Knochen**
   Sie bestehen aus je zwei kompakten Knochentafeln und sind an der **Bildung des Schädels** mit seinen schleimhautausgekleideten Höhlen (Stirnhöhle, Oberkieferhöhle) beteiligt. Weitere Beispiele bilden das **Schulterblatt**, das **Darmbein** und die **Rippen**.

4. **Sehnenbeine**
   Diese Knochen sind an den Stellen, wo eine Sehne unter starker Druckbelastung über ein Gelenk zieht, in die Sehne eingelagert, wie z.B. die Kniescheibe oder sie sind der Sehne als Gleitfläche untergelagert, wie z.B. die **Gleichbeine** und das **Strahlbein**.

Gelenke

Als Gelenk bezeichnet man die bewegliche Verbindung zweier oder mehrerer Knochen, die einander mit überknorpelten Flächen berühren oder durch eine Gelenkkapsel und Bänder miteinander verbunden sind. Die Gelenkhöhle ist mit Gelenkschmiere ausgefüllt. Der unter dem Druck des Körpergewichtes stehende Gelenkspalt ist haarfein. Die Gelenkflächen eines Gelenkes passen in der Regel genau aufeinander (z.B. Fesselgelenk, Krongelenk, Rollgelenk).
Nicht aufeinander passende Gelenkflächen (z.B. Kniekehlgelenk) werden durch einen Zwischengelenkknorpel (Meniskus) ergänzt. Die Bänder dienen der festeren Vereinigung der Knochen und schränken die Beweglichkeit des Gelenkes ein. Nach der Funktion der Gelenke und der Form der Gelenkflächen unterscheidet man:

1. **Kugelgelenk**,
   wie **Hüftgelenk** und **Schultergelenk**
   Sie gestatten eine freie Bewegung in allen Richtungen, solange die Bänder und die Bemuskelung sie nicht hemmt.

2. **Wechsel- oder Scharniergelenk**,
   wie **Fessel- und Ellbogengelenk**
   Durch die halbrunde Form des einen Knochens in der passenden Aussparung des anderen ist nur Beugen und Strecken in einer Richtung möglich. Um ein seitliches Abgleiten der Gelenkflächen zu vermeiden, trägt die Gelenkwalze in der Mitte eine Führungsleiste (Fesselgelenk), dem eine Führungsrinne in der Gelenkgrube der Gegenseite entspricht. Bei Pferden arbeiten alle Gliedmaßengelenke, also auch die Kugelgelenke, wie Scharniergelenke nur in einer Ebene. Das erklärt die relative Schwerfälligkeit beim Seitwärtstreten und bei Wendungen im Vergleich zu Hund und Katze.

3. **Zapfengelenk**, wie das **zweite Kopfgelenk** (zwischen 1. und 2. Halswirbel)
   Ein zapfenartiger Vorsprung in eine entsprechende Vertiefung der Gegenseite gestattet nur eine Drehbewegung um die eigene Achse.

Das Skelett gliedert sich in folgende Abschnitte:
1. Kopf (Gesichtsschädel, Hirnschädel, Unterkiefer, Zungenbein)
2. Stamm (Wirbelsäule, Rippen, Brustbein)
3. Gliedmaßen (Vordergliedmaße, Hintergliedmaße).

Beim ruhigstehenden Pferd liegt der **Massenmittelpunkt** (rot) etwa in Höhe des Brustbeines unterhalb der Rumpfmitte. Kopf und Hals, vom hochelastischen Nackenband in der Haltung unterstützt, ragen als Hebelarm wirkend über die stützende Vordergliedmaße. Die Haltung von Kopf und Hals sowie die Füllung der Baucheingeweide haben einen Einfluss auf die Lage des Schwerpunktes. Die Sattelung und der Sitz des Reiters haben einen maßgeblichen Einfluss auf die Lageveränderung des Körperschwerpunktes. Da der Schwerpunkt beim stehenden Pferd der Vorhand näher liegt, ist das vordere Gliedmaßenpaar stärker belastet als das hintere (55% auf den vorderen und 45% auf den hinteren Gliedmaßen).

Skelett

Kopf, Stamm, Gliedmaßen (215 Knochen, davon 63 unpaarige und 76 paarige Knochen)

Kopf

Schädel (Nasenbein, Tränenbein, Jochbein, Oberkieferbein, Zwischenkieferbein, Gaumenbein, Flügelbein, Pflugscharbein, Muschelbein, Hinterhauptsbein, Scheitelbein, Stirnbein, Siebbein, Keilbein, Schläfenbein), Unterkiefer und Zungenbein

Stamm

Wirbelsäule, bestehend aus 7 Halswirbeln, 18 Brustwirbeln (17 oder 19 möglich), 6 Lendenwirbeln (5 oder 7 möglich), zum Kreuzbein zusammengewachsene Kreuzwirbel (3 oder 5 möglich) und 15–21 Schwanzwirbeln (Schweifwirbeln).

Rippen

8 wahre Rippen (verbinden sich mit dem Brustbein) und 10 falsche Rippen (ihre Knorpel bilden aneinander liegend den Rippenbogen), Brustbein

Gliedmaßen

Vordergliedmaße aus Schulterblatt, Oberarmbein, Unterarm (Elle und Speiche), 7 oder 8 Vorderfußwurzelknochen, Vordermittelfußknochen, 2 Griffelbeine, 2 Gleichbeine, Fesselbein, Kronbein, Hufbein, Strahlbein.

Hintergliedmaße aus Beckengürtel (Darmbein, Schambein, Sitzbein), Oberschenkelbein, Unterschenkelbein (Schienbein und Wadenbein), 6 Hinterfußwurzelknochen, Hintermittelfußknochen, 2 Griffelbeine, 2 Gleichbeine, Fesselbein, Kronbein, Hufbein, Strahlbein.

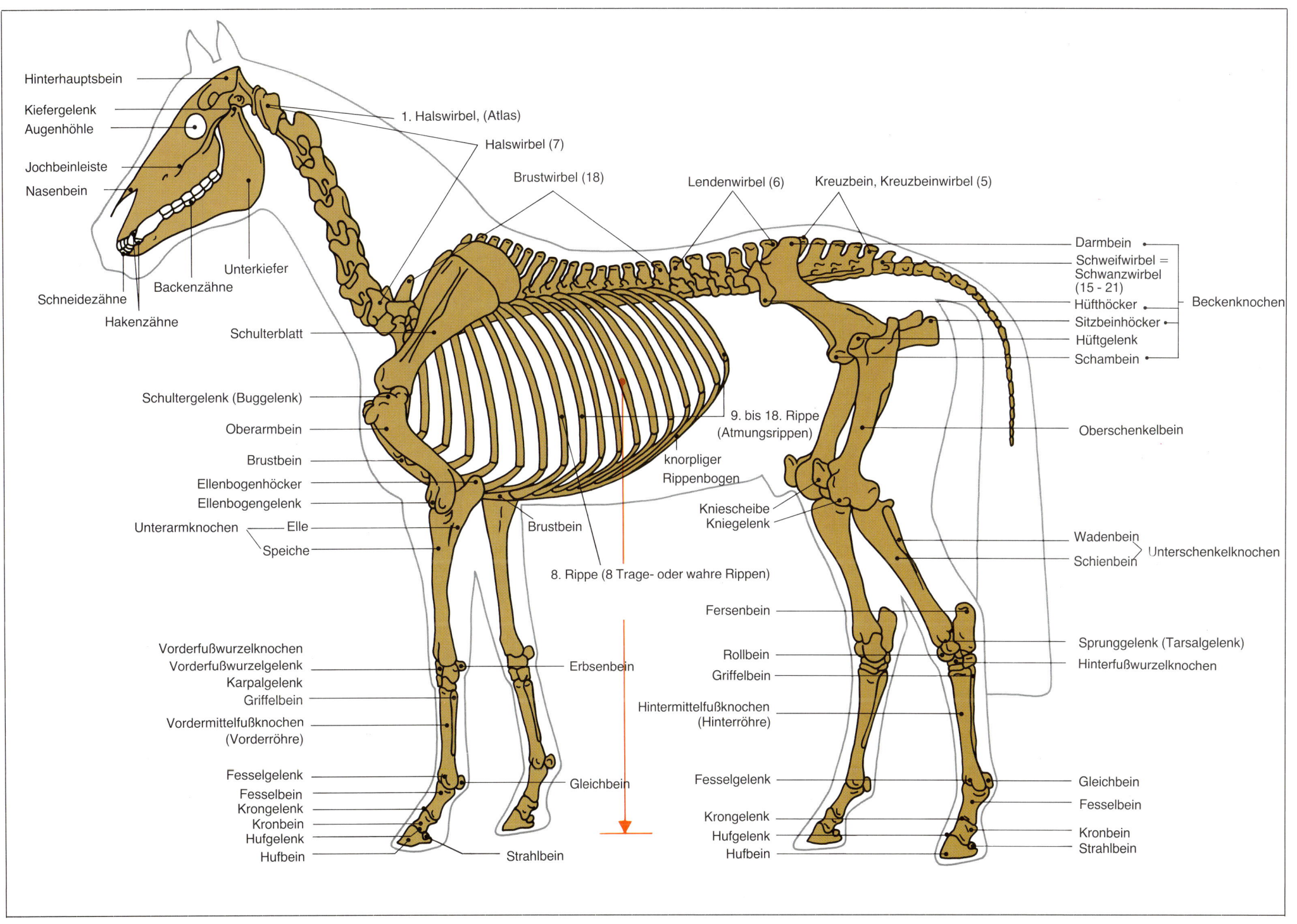

Der Rücken – Skelett und Muskulatur
Die Brückenkonstruktion der Wirbelsäule

Die **Wirbelsäule** setzt sich aus **sieben Halswirbeln**, **18 Brustwirbeln**, **sechs Lendenwirbeln**, **fünf zum Kreuzbein** verwachsenen Kreuzwirbeln und **18–27 Schweifwirbeln** zusammen.

Zwischenwirbelscheiben, Gelenke und zahlreiche Bänder verbinden und fixieren die Wirbel. Die Löcher der Hals-, Brust-, Lenden- und Kreuzwirbel (Kreuzbein) reihen sich zum **Wirbelkanal** aneinander und beinhalten schützend das **Rückenmark**. Wie bei allen Säugetieren sind beim Pferd sieben Halswirbel ausgebildet, die im Verhältnis zu den meisten Tierarten sehr lang sind. Der erste Halswirbel (Atlas) ist nur ein Knochenring mit zwei seitlichen Flügeln. Der zweite Halswirbel (Umdreher) ragt mit seinem Zahn zapfenförmig in den Atlas hinein. Zwischen Atlas und Nackenstrang sowie zwischen dem Kamm des Umdrehers und dem Nackenstrang liegen die **Genickschleimbeutel**. Die **Brustwirbel** sind gelenkig mit den **Rippen** verbunden. An den Lendenwirbeln fallen die breiten **Querfortsätze** auf, an denen sich die Bauchmuskeln anheften. Im Bereich der Lendenwirbelsäule ist die Beweglichkeit bereits erheblich eingeschränkt, bisweilen sind beim Pferd die Lendenwirbel zu einem Lendenbein verschmolzen. Die in der Jugend noch selbstständigen Kreuzwirbel verschmelzen im Alter bei jedem Pferd zu einem einheitlichen Kreuzbein. Die Verschmelzung ist beim Pferd mit dem 4. bis 5. Lebensjahr abgeschlossen. Von den Schwanzwirbeln zeigen nur die ersten noch die Merkmale eines Wirbels, die sich bei den folgenden verlieren, so dass zuletzt nur noch walzenförmige Knochenstäbchen übrig bleiben. An den Brust-, Lenden- und Kreuzwirbeln befinden sich nach oben gerichtete **Dornfortsätze**. Sie sind bis zum 15. Brustwirbel schwanzwärts geneigt. Der 16. Brustwirbel steht senkrecht, alle folgenden Dornfortsätze sind dann kopfwärts geneigt. Die Wirbel sind untereinander durch Bänder verbunden, deren wichtigstes das lange **Nackenband** ist. Es ist ein elastischer Strang, der vom Hinterhaupt kommend sich an alle Dornfortsatzspitzen der Wirbelsäule anheftet und dabei immer schwächer wird. Diesem oberen Band der Wirbelsäule entspricht bauchseitig ein unteres, das vom 8. Brustwirbel bis zum Kreuzbein reicht. Ein weiteres Längsband liegt im Boden des Wirbelkanals. Außer diesen langen Bändern sind die einzelnen Wirbel durch mannigfache **kurze Bänder verbunden**. Daraus ergibt sich eine Brückenkonstruktion der Wirbelsäule mit den Gliedmaßen als Stützpfeiler. Dadurch ist der Rücken des Pferdes weit mehr als der eines anderen Tieres befähigt, Lasten von erheblichem Ausmaß zu tragen. Kopf und Hals, vom hochelastischen Nackenband in der Haltung unterstützt, ragen als Hebelarm wirkend über die stützenden Vordergliedmaße. Die Haltung von Kopf und Hals sowie die Füllung der Baucheingeweide haben einen Einfluss auf die Lage des Schwerpunktes (s. Tafel Skelett).

Die einzelnen **Abschnitte der Wirbelsäule** (Hals-, Brust-, Lendenwirbel, Kreuzbein, Schwanzwirbel) sind in unterschiedlichem Ausmaß beweglich. Hals- und Schwanzwirbel gestatten eine starke **Beweglichkeit** in alle Richtungen, während Brust- und Lendenwirbel sowohl seitlich als auch rücken- und bauchwärts nur gering beweglich sind. Das Kreuzbein ist völlig versteift.

Die besonderen **Beweger** der Hals-, Brust-, Lenden- und Schwanzwirbelsäule sind rund um die Wirbelsäule angelagert. Man unterscheidet nach der Funktion Aufrichter, Seitwärtsbieger, Abwärtsbieger und Dreher, die sich wiederum nach dem Verlauf in lange und kurze Muskeln teilen lassen.

Unter dem **Rücken**, bestehend aus einem Brust- und Lendenteil, versteht man, wie auch in der Exterieurbeurteilung, den Abschnitt zwischen Widerrist und Kruppe. Die langen, meist sehr kräftigen Hals-, Rücken- und Schwanzmuskeln sind in erster Linie Aufrichter oder Strecker. Sie liegen den betreffenden Wirbelsäulenabschnitten in drei Schichten auf und treten mit vielen Wirbeln über Sehnenzacken in Verbindung. Die kurzen, viel schwächeren Muskeln haben meist eine Funktion als Seitwärtsbieger, Dreher oder Abwärtsbieger. Sie erstrecken sich nur über wenige Segmente. Drehbewegungen sind in der Hals- und Brustwirbelsäule (hier nur im geringen Ausmaß) möglich. Wirken die Dreher beidseitig gleichzeitig, kommt es zur Feststellung der Wirbelsäule.

Die rückenwärts der Wirbelsäule aufliegende Muskulatur ist kräftig entwickelt und stark sehnig durchsetzt. Im Trab, Galopp und ebenso beim Sprung wird durch Kontraktion der Rückenmuskulatur die Brust- und Lendenwirbelsäule weitgehend stabilisiert. Die Bascule über dem Sprung ergibt sich nur aus der Kopf- und Halshaltung, ohne wesentliche Aufwölbung des Rückens. Das Zusammenspiel und die Gruppenwirkung besonderer Muskeln der Wirbelsäule ermöglicht spezielle Bewegungsabläufe. Die Übertragung der von den Hintergliedmaßen ausgehenden Schubkräfte auf Rücken- und Vorderextremität wird durch die Verbindung der langen Rückenmuskulatur mit dem Becken und der Kruppenmuskulatur begünstigt. Durch diese Verbindung ist auch das Steigen und Ausschlagen möglich. Die langen Dornfortsätze eines hohen Widerristes begünstigen durch Anspannung der Halsmuskulatur die Wirkung der langen Rückenmuskeln.

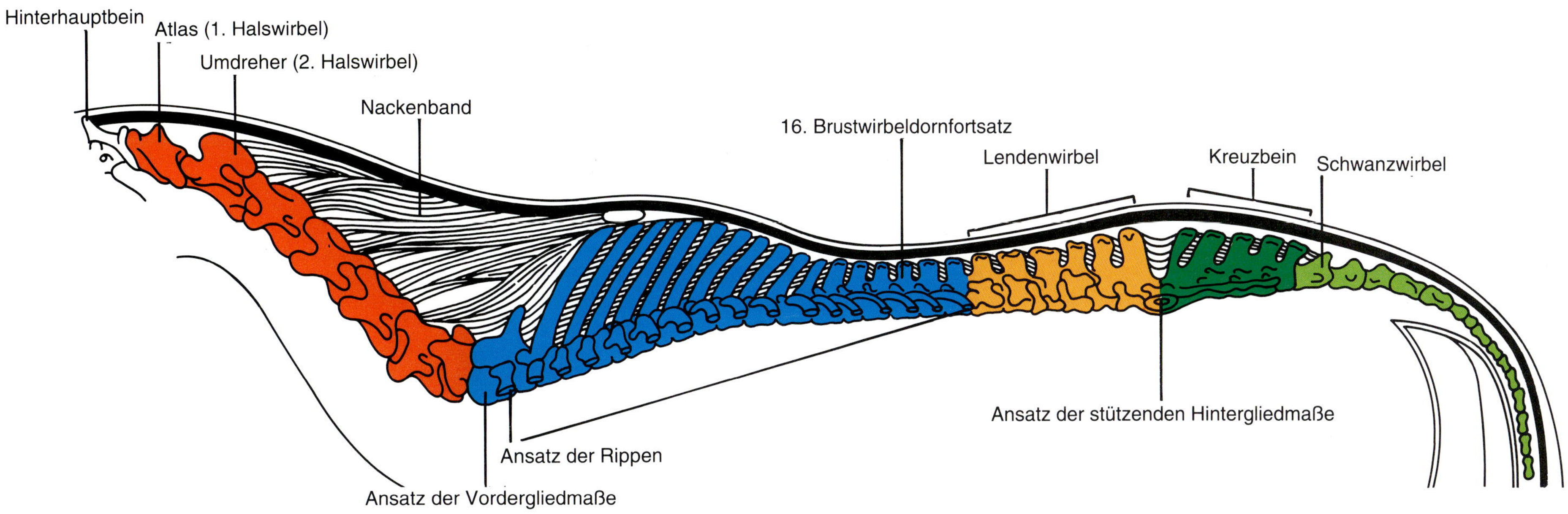

Hinterhauptbein	
Atlas (1. Halswirbel)	
Umdreher (2. Halswirbel)	
Nackenband	
16. Brustwirbeldornfortsatz	
Lendenwirbel	
Kreuzbein	
Schwanzwirbel	
Ansatz der stützenden Hintergliedmaße	
Ansatz der Rippen	
Ansatz der Vordergliedmaße	

Der Rücken – Skelett und Muskulatur (von oben gesehen)

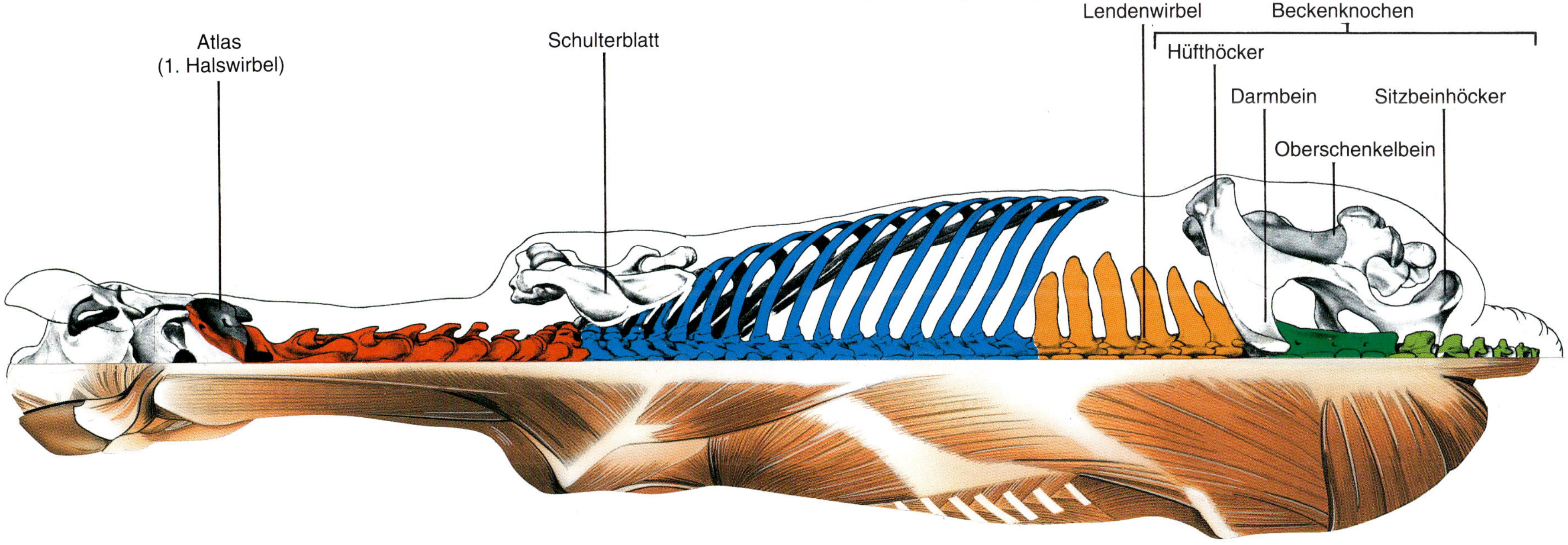

- Atlas (1. Halswirbel)
- Schulterblatt
- Lendenwirbel
- Beckenknochen
- Hüfthöcker
- Darmbein
- Sitzbeinhöcker
- Oberschenkelbein

17

Die Muskulatur

Beim Pferd können 250 paarige und einige unpaarige Muskeln unterschieden werden, die durch Kontraktion als Beuger, Strecker, Ein- oder Auswärtszieher, Dreher, Spanner oder Schließer wirken. An den Enden der Muskeln, auch wenn ein Muskel scheinbar „fleischig" am Knochen ansetzt, erfolgt die Verbindung stets über Sehnenfasern. Der Anteil des Fleisches am Gesamtkörpergewicht schwankt zwischen 37% und 45%. Das Pferdefleisch ist stark sehnig durchsetzt und hat eine dunkelrote Farbe, die beim Trocknen an der Luft fast schwarz wird. Die Farbe verdankt der Muskel dem **Muskelfarbstoff (Myoglobin)**, der mit dem roten Blutfarbstoff (Hämoglobin) verwandt ist und ebenso wie dieser Sauerstoff zu binden in der Lage ist.

Die überwiegende Anzahl der Muskeln heften sich an gelenkig verbundenen Knochen an und dienen bestimmten Bewegungen. Einige Muskeln schließen Körperhöhlen (Brusthöhle, Bauchhöhle) ein oder grenzen sie voneinander ab. Hierher gehören die Zwischenrippenmuskeln, das Zwerchfell und die großen Bauchmuskeln. Ihre wichtigste Aufgabe ist die Unterstützung der Atmung. Es gibt auch Muskeln, die keine unmittelbare Verbindung zum Skelett haben, die ringförmigen Schließmuskeln der Körperöffnungen (Maul, After, Scheidenvorhof). Die in Bewegung befindlichen Muskeln sind federnd dehnbar. In der Landung bei einem Sprung wird die Körperlast in gleitendem Nachgeben in Sekundenschnelle abgefangen. **Herz- und Atemmuskeln** sind Beispiele für die Leistungsfähigkeit. Eine Sonderstellung nimmt der Herzmuskel ein, der nicht willkürlich betätigt wird. Seine Muskelfasern verbinden sich untereinander zu einer zusammenhängenden Muskelmasse. Jeder Muskel wächst durch Übung, solange ein natürliches Maß nicht überschritten wird.

Die starke Durchblutung im Gefolge der Arbeit führt zum Aufbau neuer Muskelsubstanz. Aber auch das Gegenteil ist bekannt. Lähmungen und Lahmheiten können zum Schwund ganzer Muskelgruppen führen. Nahezu jede **Bewegung des Körpers** ist auf die Tätigkeit mehrerer Muskeln zurückzuführen. Jede Bewegung kann durch eine Gegenbewegung wieder rückgängig gemacht werden. Entsprechend ihrer großen Leistung sind die Muskeln reich mit Blutgefäßen ausgestattet. Ihre sinnvolle Tätigkeit setzt eine lückenlose Nervenversorgung voraus, die bis zu den einzelnen Nervenfasern reicht und ihnen die Aufträge des Zentralnervensystems (Gehirn) zuleitet.

Die Muskelfaser zieht sich zusammen, wenn sie über ihren Nerven gereizt wird. Die Verkürzung verläuft wie eine Welle durch die Muskelfaser mit einer Geschwindigkeit von 10–14 m/sec.

Die **Leistungsfähigkeit** der Skelettmuskeln nimmt mit ihrer Beanspruchung zu. Starke Belastung ist der Anreiz für große Leistung. Die Kraft eines Muskels endet bei seiner Reißfestigkeit.

Jede Muskeltätigkeit erzeugt Wärme. Der Schweißausbruch bei schwerer Arbeit ist ein sichtbarer Ausdruck dafür. Bei der Zusammenziehung der Muskel wird durch stoffliche Umsetzungen viel Wärme frei. 75% der Körperwärme werden so erzeugt.

Die Quelle der Muskelenergie ist der Traubenzucker, der in der Muskelzelle vorhanden ist und in den Leberzellen gespeichert wird. Fortgesetzte Arbeit ermüdet den Muskel. Die Ermüdung ist eine Folge der Anhäufung von Stoffwechselschlacken (CO^2, Phosphorsäure, Milchsäure), die nicht schnell genug vom Blut beseitigt werden. In den Ruhepausen wird das nachgeholt.

In der Tafel ist die oberflächliche Muskelschicht nach Entfernung der Hautmuskeln abgebildet. Die Muskulatur bedeckt an Hals, Rumpf, Oberarm sowie Ober- und Unterschenkel in mehreren Schichten die Knochen. Der in der Tafel als Strecker des Vorderfußwurzelgelenkes bezeichnete Muskel fungiert beim Pferd als Beuger des Vorderfußwurzelgelenkes. Da die Nomenklatur beim Pferd auf einer vergleichenden Anatomie der Haustiere beruht, musste diese funktionell zwar unrichtige Bezeichnung beibehalten werden.

Der Anteil der Muskulatur beträgt zwischen 37% und 45% des Gesamtkörpergewichts. Die Muskulatur insgesamt besteht aus 260 Muskeln (Rumpf 104, Vordergliedmaße 46, Hintergliedmaße 66, Kopf 40).

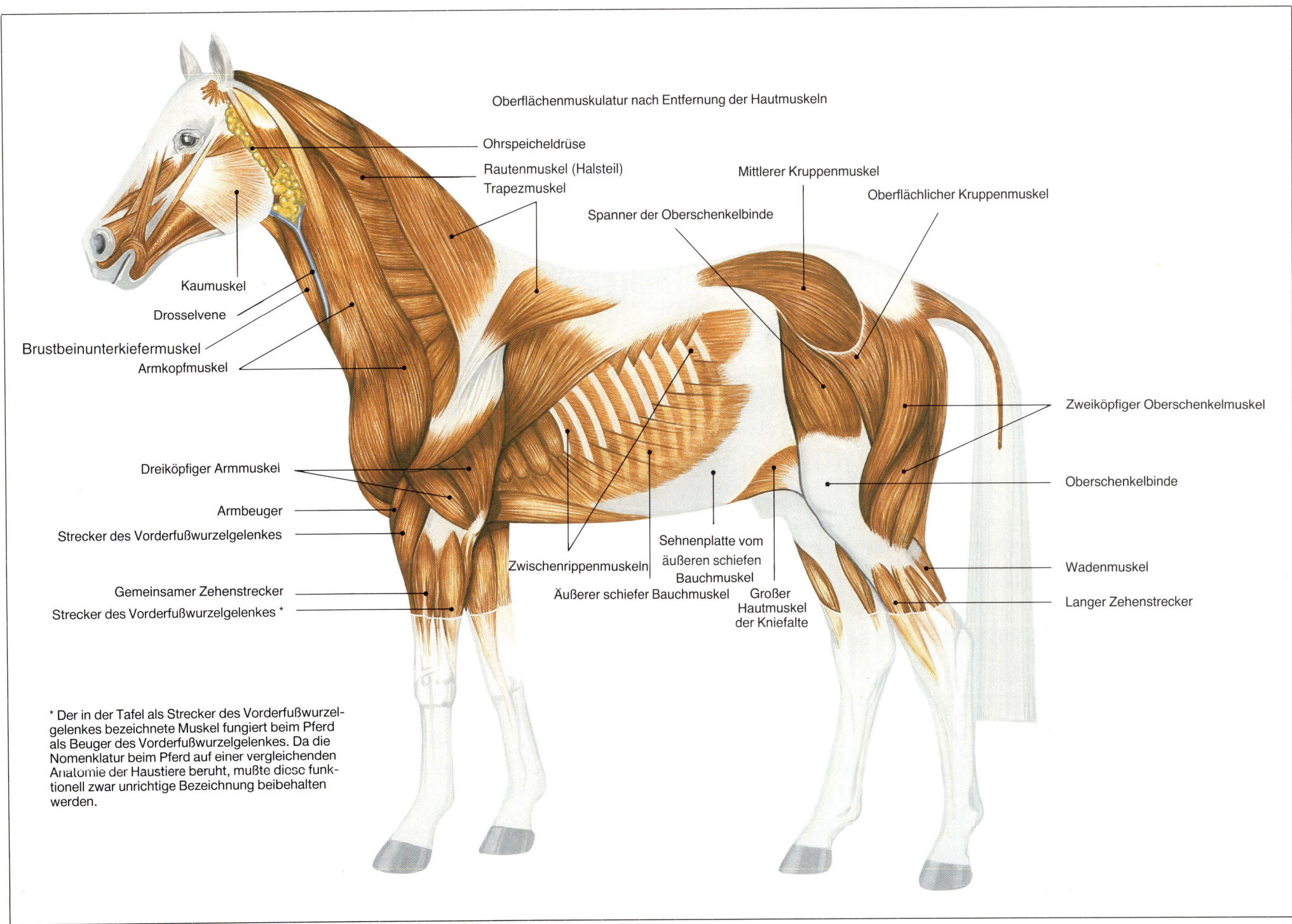

Skelett der Vorder- und Hintergliedmaße

Die Mehrbelastung der Vordergliedmaße im Stand (55% des Körpergewichtes) und in der Bewegung erfordert das Überwiegen einer Stütz- und Auffangfunktion der von hinten zugeschobenen Last. Die Hintergliedmaße ergibt das Bild eines stark gewinkelten Hebelwerkes, das starke Schubkräfte zur Vorwärtsbewegung erzeugen kann. Diese funktionell recht verschiedene Beanspruchung der Beckengliedmaße (58% des Gesamtgewichtes der Gliedmaßenmuskulatur) findet in der grundsätzlich verschiedenen Verbindung mit dem Rumpf seinen Ausdruck. Während die Hintergliedmaße über das Becken zur Übertragung der Schubkräfte mit der Wirbelsäule direkt verbunden ist, hängt der Brustkorb beweglich und federnd mit Hilfe der bindegewebig muskulösen Traggurte der Schultergürtelmuskulatur zwischen den Vordergliedmaßen an den Schulterblättern.

Vordergliedmaße

Die pfannenartige Gelenkfläche des Schulterblattes bildet zusammen mit dem Kopf des Oberarmbeines das **Schulter- oder Buggelenk**. Das Oberarmbein ist ein verhältnismäßig kurzer, kräftiger, mit mehreren Muskelansätzen versehener Knochen, der mit dem Schulterblatt einen Winkel von etwa 90° bildet. Das untere Ende des Oberarmbeines ist rollenähnlich gestaltet und genau in die obere Gelenkfläche der Speiche eingepasst. Von der Elle ist hauptsächlich der stark ausgebildete Ellbogenhöcker beim Pferd in der Entwicklung übrig geblieben. Er dient als Ansatz für größere Muskelpakete und als Sperrvorrichtung für das Ellbogengelenk. Das **Ellbogengelenk** ist ein seitlich straff fixiertes Wechsel- oder Scharniergelenk. Das **Vorderfußwurzelgelenk** ist ein aus drei Abteilungen zusammengesetztes Gelenk, von denen nur die beiden oberen Abteilungen beim Beugen Beweglichkeit aufweisen. Darunter kommt das Röhrbein mit den beiden Griffelbeinen. Im Querschnitt weist das Röhrbein der Vordergliedmaße eine rundliche Form auf (Stütz- und Auffangfunktion).

Hintergliedmaße

Der runde Gelenkkopf des Oberschenkelbeines bildet mit einer pfannenähnlichen Gelenkfläche am knöchernen Beckenring das **Hüftgelenk** (Kugelgelenk). Dicke Muskelmassen verhindern jedoch eine freie Beweglichkeit. Am Oberschenkelbein befinden sich zahlreiche knorrige Muskelansätze. Am unteren Ende bildet das Oberschenkelbein eine zweiköpfige Gelenkfläche, die mit dem oberen Ende des Schienbeinknochens das **Kniegelenk** bildet.

Das **Kniegelenk** besteht aus dem **Kniekehlgelenk** und dem **Kniescheibengelenk**. Da die Gelenkflächen des Kniekehlgelenkes inkongruent sind, ist zum Ausgleich und als Puffer eine bindegewebige Knorpelscheibe (Meniskus) eingeschoben. Starke Seitenbänder erlauben im Kniekehlgelenk im Wesentlichen nur eine Beuge- und Streckbewegung. Durch Verschiebbarkeit der Menisken ist aber auch eine Drehbewegung in geringem Umfang möglich. Das Kniescheibengelenk wird von den Rollkämmen des Oberschenkels und der Kniescheibe gebildet. Sie gleitet bei Beugebewegungen auf den Rollkämmen wie ein Schlitten auf seiner Bahn auf und ab. Die Kniescheibe ist durch Seitenbänder und durch die geraden Kniescheibenbänder fixiert. Ähnlich wie die Elle am Vorderbein ist das Wadenbein entwicklungsgeschichtlich beim Pferd zu einem kurzen spangenähnlichen Knochen zurückgebildet. Das untere Ende des Unterschenkelbeines bildet mit seiner zweigeteilten tiefen Pfanne und dem entsprechend geformten Rollbein das **Rollgelenk**. Eine Überstreckung des Rollgelenkes wird durch das Fersenbein verhindert. Das Rollgelenk ist ein durch seitliche Bänder straff eingeschientes Wechselgelenk. Die darunter liegenden drei Abteilungen der **Zwischenreihengelenke** sind relativ straff, erlauben aber geringe Drehbewegungen. Nach unten schließt sich an das Sprunggelenk der Hintermittelfußknochen mit den beiden Griffelbeinen an. Im Querschnitt zeigt das hintere Röhrbein entsprechend seiner Funktion (Auffangen der Schubkräfte) eine querovale Form.

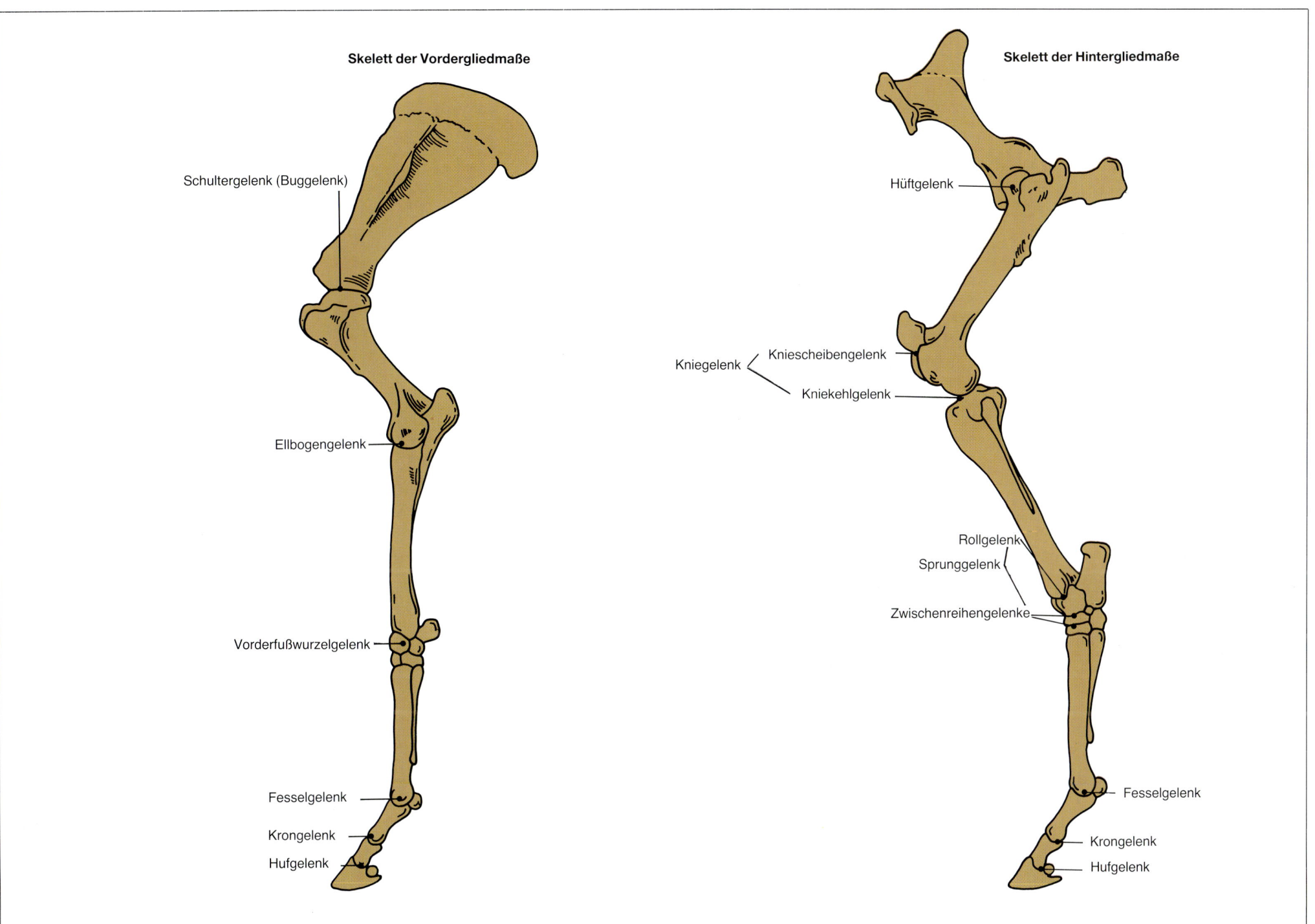

Das Wachstum an den Gliedmaßen

Das Längenwachstum an den Gliedmaßenknochen vollzieht sich in bestimmten Abschnitten (Wachstumszonen) des Knochens, die sich an den Enden in Gelenknähe befinden.

Das Dickenwachstum erfolgt im gesamten Bereich der Knochen. Die endständig gelenkbildenden Knochenkerne der Knochen werden als Epiphysen bezeichnet, der Schaft, das Mittelstück des Knochens, als Diaphyse. Bei der Entwicklung im Mutterleib wird das Skelett zunächst rein knorpelig angelegt, um dann später mit der allmählichen Verknöcherung zu beginnen. Bei einer Scheitel-Steiß-Länge der Frucht von nur 7,4 cm, das ist etwa in der 9. Woche der Trächtigkeit, beginnt beim Pferd die Verknöcherung des Skeletts. Zuerst bilden sich die Schäfte der langen Knochen und der Wirbel von Knorpel- in Knochengewebe um.

Die Anlage und die Reihenfolge des Auftretens der Verknöcherungszentren sind beim Menschen und bei den verschiedenen Tieren gesetzmäßig. In bestimmten Monaten der Trächtigkeit treten die einzelnen Verknöcherungszentren in Erscheinung, um zum Zeitpunkt der Geburt, wie in der Übersicht angegeben, vollständig vorhanden zu sein. Dies ist zum Beispiel beim Hund und beim Menschen als so genannte Nesthocker nicht der Fall. Aufgrund der fortgeschrittenen Skelettentwicklung kann sich direkt nach der Geburt das Fohlen erheben und mit der Stute mitlaufen („Nestflüchter"). Das Skelett des neugeborenen Fohlens entspricht in seiner Entwicklung dem Skelett des Menschen in der Pubertät (12.–17. Lebensjahr). Die 215 Knochen des Skeletts beim Pferd bestehen aus über 700 Verknöcherungskernen. In der Zone des verknöchernden Knorpels der Diaphyse (re. Abb.) findet das eigentliche Längenwachstum des Knochens statt, bis die Knorpelscheibe durch Umwandlung in Knochen vollständig verbraucht ist. In der Epiphyse erfolgt bis zur Verschmelzung mit der Diaphyse ein gleichmäßiges Wachstum in alle Richtungen. Die quer durch den Knochen verlaufenden Knorpelscheiben stellen beim Fohlen im Bezug auf Brüche wegen ihrer geringen Festigkeit eine bevorzugte Lokalisation dar.

Das Längenwachstum ist mit der Schließung der Wachstumsfugen beendet. Das Dickenwachstum der Knochen geht aber bis zur vollständigen Ausreifung des Skeletts (5. Lebensjahr) weiter. Fohlen werden mit sehr langen Gliedmaßen im Verhältnis zum Rumpf geboren. Im Laufe der Entwicklung verändert sich das Verhältnis zugunsten des Rumpfes. Die Gliedmaßenabschnitte beenden ihr Längenwachstum von unten nach oben aufsteigend. Sehr früh, mit 6 bis 9 Monaten, ist das Längenwachstum der unteren Gliedmaßenabschnitte bis zum Vorder- bzw. Hinterfußwurzelgelenk beendet. Bis zum Alter von 42 Monaten (3½ Jahren) schließen sich dann die übrigen Wachstumszonen der Gliedmaßen. Trotzdem kann man aber bis zum Alter von 5 Jahren ein weiteres Größenwachstum, gemessen am höchsten Punkt des Widerristes, feststellen. Die Ursache dafür ist in der Verknöcherung der Knorpelkappen der Dornfortsätze des Widerristes mit seiner prägnanten Ausbildung zu sehen. Auch die Straffung der Muskulatur zwischen Schulterblättern und Brustkorb kann dazu beitragen.

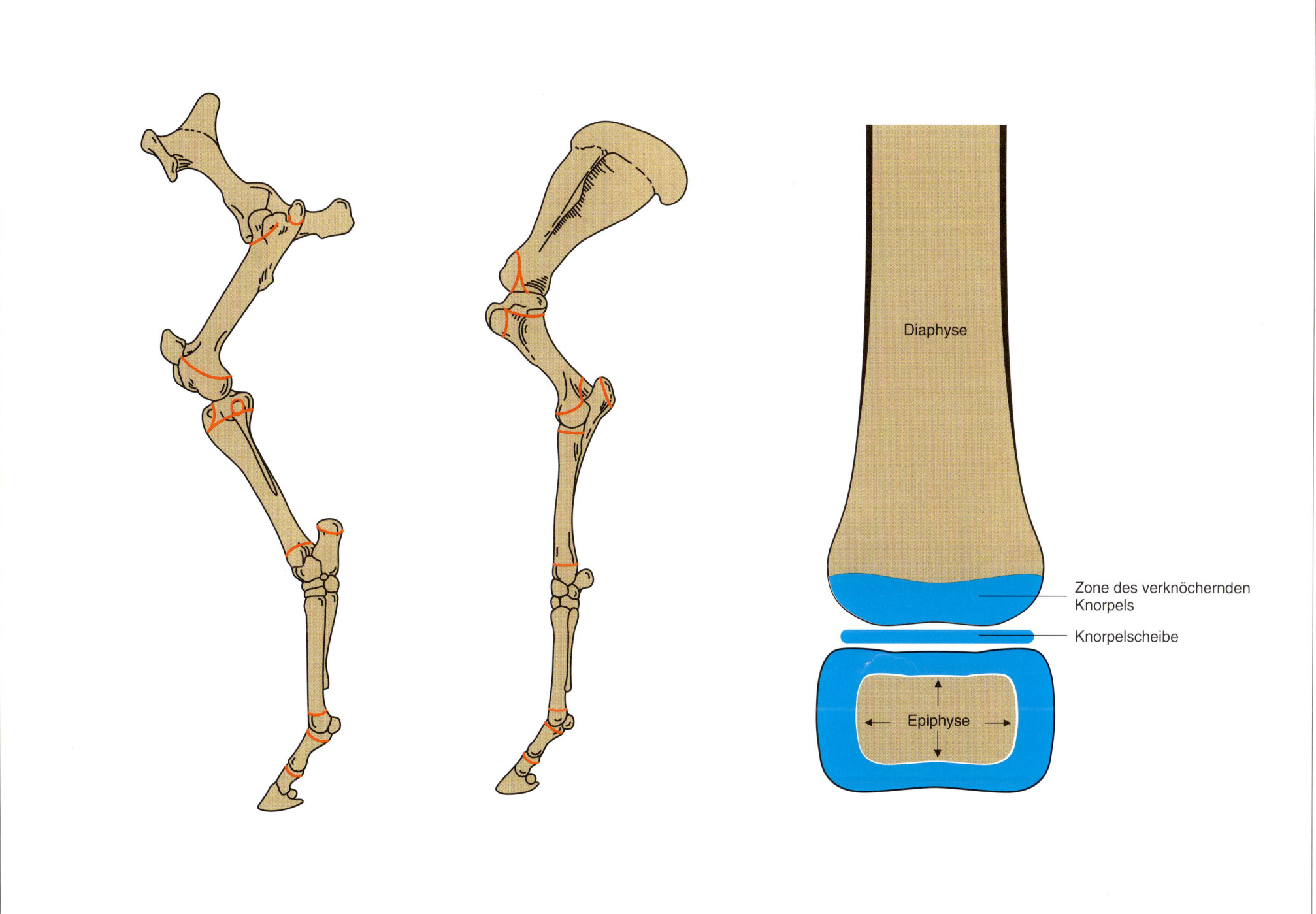

Gelenke, Muskeln und Sehnen der Vorder- und Hintergliedmaße

Die Funktion der Vorder- und Hintergliedmaße ist recht verschieden. Die **Vordergliedmaße** besitzt hauptsächlich eine **Stütz- und Auffangfunktion** der von der Hintergliedmaße zugeschobenen Last des Körpers. Die Auffangfunktion der Vordergliedmaße wird durch die bindegewebig muskulöse Verbindung der Schulterblätter am Brustkorb, sowie durch die gestreckt verlaufende Gliedmaßenachse vom Fesselkopf über das Vorderfußwurzelgelenk zum Ellbogengelenk ermöglicht. Dabei ist die Vordergliedmaße relativ schwach bemuskelt. Die Schubfunktion der **Hintergliedmaße** wird durch die festelastische Verbindung des Beckens mit der Wirbelsäule, durch die starke Winkelung im Hüft- und Kniegelenk sowie durch das Überwiegen der Gliedmaßenmuskulatur (58% des Gesamtgewichtes der Gliedmaßenmuskulatur) zum Ausdruck gebracht.

An den Vorder- und Hintergliedmaßen bestehen **Fixationseinrichtungen**, die bei ruhigem Stehen das Gewicht beinahe ohne Muskelarbeit übernehmen. Sie bestehen fast ausschließlich aus Sehnen und Bändern. Die Immobilisierung des Kniegelenkes wird mit Hilfe des Kniescheibenmechanismus erreicht. Mit Hilfe der geraden Kniescheibenbänder wird die **Kniescheibe** hinter dem Rollkamm des Oberschenkelknochens verhakt und durch den Muskeltonus des Kniegelenkstreckers festgehalten, was ein gewisses Quantum aktiver Muskelarbeit erfordert. Da durch die so genannte Spannsägenkonstruktion die Bewegungen im Sprung- und Kniegelenk völlig voneinander abhängen, ist damit die ganze Gliedmaße fixiert. Dank dieser Einrichtung kann das Pferd fast mühelos längere Zeit stehen, obwohl die Hintergliedmaße in insgesamt vier Gelenken gebeugt ist (Hüftgelenk, Kniegelenk, Sprunggelenk, Fesselgelenk).

Zur Entlastung des einen Beines kann die gesamte Last vom anderen Bein übernommen werden (schildern). Zur Lösung der Sperre des Kniegelenkes hebt der Kniestrecker die Kniescheibe leicht an. Er ist es auch, der in der normalen Bewegung diese Sperrung des Kniegelenkes verhindert, denn beim gewöhnlichen kurzen Stehen „reitet" die Kniescheibe nicht. An den Vordergliedmaßen gibt es beim gesunden Pferd diese Entlastungsstellung auch bei längerem Stehen nicht.

Die Funktionen der Muskeln sind aus der Tafel ersichtlich. Die Muskeln am Unterarm sind stark sehnig durchwachsen und ihre schlanken Spindeln gehen durchweg oberhalb des Vorderfußwurzelgelenks in lange Endsehnen über, was der Leistung der Gliedmaßen als Lauforgan zustatten kommt. Die Muskeln am Unterschenkel umgeben das Schienbein vorn, seitlich und hinten und lassen wie am Vorderbein (Unterarm) nur die Innenfläche des Knochens frei. Der Knochen ist an der Innenseite nur von der Haut bedeckt und kann durchgetastet werden. Alle Muskeln sind wie an der Vordergliedmaße schlanke Spindeln, die noch oberhalb des Sprunggelenkes in ihre Endsehnen übergehen. Die Muskeln am Unterschenkel bewegen den Fuß und die Zehen.

Da die Sehnen in den gelenkigen Winkeln auf der Beugeseite (Sprunggelenkbeuge) sich nicht frei wie die Sehne eines Bogens spannen dürfen, werden sie durch starke sehnige Haltebänder, die wie Gurte quer um die Beugeflächen ziehen, zurückgehalten.

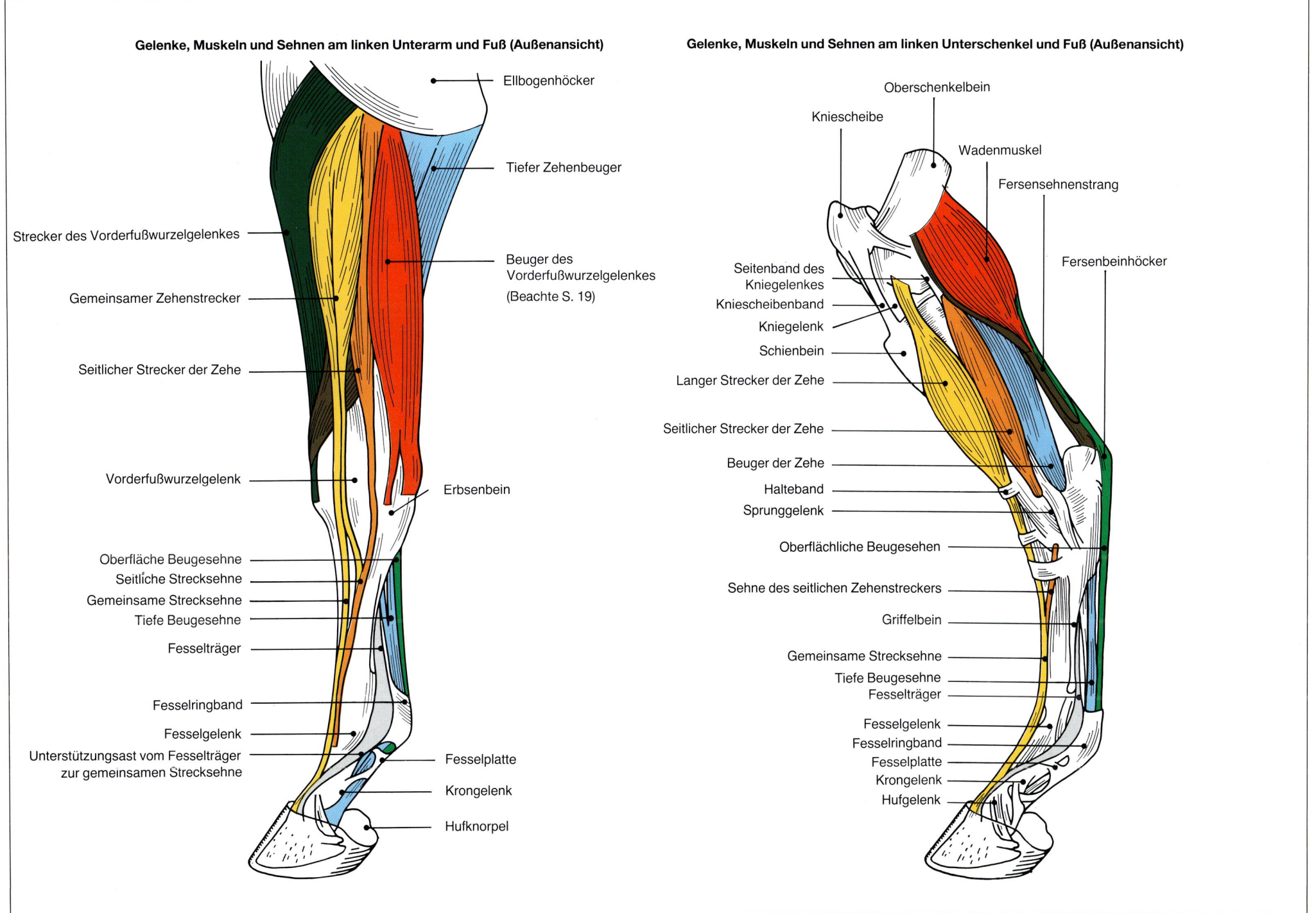

Die Belastung der Sehnen

Die Sehnen sind Ausläufer der Muskeln mit Übergang zum Knochen, bestehend aus vielen Sehnenfaserbündeln. Ein Sehnenfaserbündel fügt sich aus unzähligen Sehnenfasern aneinander. Die einzelnen **Sehnenfasern** wiederum setzen sich aus parallel verlaufenden und durch eine Zwischensubstanz miteinander verbundenen Kollagenfibrillen zusammen. Die Kollagenfibrillen sind die Ausläufer der in Längsreihen angeordneten Sehnenzellen (Flügelzellen). Die Versorgung der Sehne mit Blutgefäßen ist spärlich.

Die Sehnenfaser besitzt eine hohe **Zugfestigkeit** und eine geringe **Dehnbarkeit**. Im entspannten Zustand legen sich die Sehnenfaserbündel in feine Wellen, die sich bei Anspannung strecken und eine Verlängerung der Sehne nur um maximal 4% sowie beim Zusammenziehen des dazugehörigen Muskels ein weiches und elastisches Anziehen gestatten.

Die **Zerreißfestigkeit** einer Sehne ist trainierbar, d.h. durch Training wesentlich zu erhöhen. Daneben gibt es individuelle, rasse- und altersbedingte Unterschiede. Die mittlere Zerreißfestigkeit des Fesselträgers beim Warmblutpferd liegt bei 7 bis 8 kp je Quadratmillimeter (700–800 kp/cm^2) der Querschnittsfläche. Für die oberflächliche Beugesehne des Pferdes ergeben sich folgende Rassenunterschiede in der mittleren Zerreißfestigkeit:

Kaltblutpferde 1000 kp/cm^2
Warmblutpferde 1500 kp/cm^2
Vollblutpferde 2000 kp/cm^2

Bei einem durchschnittlichen Querschnitt von 1,5–2,0 cm^2 haben die oberflächliche Beugesehne ein Fünftel, die tiefe Beugesehne ein Zehntel des Muskelquerschnittes, während sonst der Querschnittsanteil kleiner als $1/20$ zu sein pflegt. Kein vergleichbares Tier hat Sehnen dieser Stärke, auch nicht der Elefant, jedoch der Strauß. Bei Zugversuchen an der menschlichen Achillessehne wurden Zerreißwerte in der Größe von 1000 kp ermittelt.

Bei Sehnen fällt im Zerreißversuch die Elastizitätsgrenze mit der Festigkeitsgrenze zusammen. Eine Überdehnung der Sehne gibt es nicht. Übersteigt die Belastung die Elastizitätsgrenze, zerreißen die Sehnenfasern, Sehnenfaserbündel oder die ganze Sehne. Eine Sehnenerkrankung beim Pferd ist immer mit Zerreißungen unterschiedlichen Ausmaßes bis zur völligen Durchtrennung (Ruptur) verbunden. Die reparativen Vorgänge prägen im chronischen Stadium das Erscheinungsbild. In der Anatomie der Streck- und Beugesehnen gibt es bis zur Höhe des Röhrbeines keine erheblichen Unterschiede zwischen Vorder- und Hintergliedmaßen.

1. Der gemeinsame und der seitliche Zehenstrecker

Der Muskelbauch des gemeinsamen Zehenstreckers (s. S. 25) befindet sich seitlich am Unterarm. Auf der Vorderseite des Röhrbeins ist die rundliche Sehne unter der Haut leicht verschieblich fühlbar. Auf der Vorderseite der Fessel wird die Sehne dagegen flach, um breit gefächert an der Hufbeinkappe (innerhalb der Hufkapsel) anzusetzen.

Der seitliche Zehenstrecker besitzt einen schwachen Muskelbauch, der seitlich an Elle und Speiche, und dessen Sehne außen an der Vorderseite des Fesselbeines ansetzt (s. S. 25). An der Hintergliedmaße verbindet sich die Sehne des seitlichen Zehenstreckers mit der Sehne des gemeinsamen Zehenstreckers in einem spitzen Winkel in Höhe der Mitte des Röhrbeines. Die Streckfunktion ist nicht im Stand, sondern beim Vorführen und Fußen notwendig. Dazu ist an der frei schwebenden Gliedmaße kein großer Kraftaufwand erforderlich. Die Durchtrennung der Sehne des seitlichen Zehenstreckers hat keinen Funktionsausfall zur Folge. Bei der Durchtrennung der gemeinsamen Strecksehne oder beim Funktionsausfall des Muskels durch Lähmung dagegen ist ein planes Fußen und damit ein Durchtreten im Fesselkopf nicht mehr möglich.

2. Der Fesselträger

Der Fesselträger ist ein sehnig umgewandelter Muskel, der an der Rückseite des oberen Ende des Röhrbeines (zwischen den Griffelbeinköpfen) ansetzt, sich oberhalb der Gleichbeine in seine Schenkel gabelt, über die Spitzen der Gleichbeine und deren Seitenflächen bodenwärts weiterzieht, Unterstützungsäste im Fesselbeinbereich an die gemeinsame Strecksehne abgibt und an Fessel- und Kronbein endet. Seine Hauptfunktion im Stand ist die Übernahme der Körperlast ohne Muskelkraft durch Fixierung des Fesselgelenkes. Der Fesselträger ist im Stand und wesentlich stärker in der 1. Stützbeinphase (Durchtreten im Fesselkopf) angespannt. In der 2. Stützbeinphase (Abstemmen) dagegen ist der Fesselträger entspannt.

3. Der Hufbeinbeuger (tiefe Beugesehne)

Mehrere Muskelbäuche, die am Oberarmbein ansetzen, gehen in die tiefe Beugesehne über. Sie ist über weite Strecken fest rundlich, um breit und flach an der Sohlenfläche des Hufbeines (Hufbeinbeuger) anzusetzen. Im mittleren Drittel des Röhrbeines ist sie über ihr **Unterstützungsband** mit der untersten Reihe der Vorderfußwurzelknochen verbunden. Die tiefe Beugesehne wird von den beiden Gleichbeinen um das Fesselgelenk und vom Strahlbein um das Hufgelenk geleitet. Sie ist im Stand, und wesentlich stärker in der 2. Stützbeinphase (Abstemmen) angespannt. In der 1. Stützbeinphase (Durchtreten) ist sie dagegen entspannt.

4. Der Kronbeinbeuger (oberflächliche Beugesehne)

Der Muskel des oberflächlichen Zehenbeugers setzt am Oberarmbein an, liegt dem tiefen Zehenbeuger auf und ist mit ihm innig verbunden. Auch der oberflächliche Zehenbeuger besitzt, wie der tiefe Zehenbeuger, ein Unterstützungsband, das oberhalb vom Vorderfußwurzelgelenk innen an der Speiche ansetzt.

Im Bereich des Röhrbeines liegt die oberflächliche Beugesehne unter der Haut. Halbmondförmig umgreift sie die rundlich ovale tiefe Beugesehne. In der Fesselbeuge spaltet sich die oberflächliche Beugesehne in zwei Schenkel, zwischen denen die tiefe hindurchtritt, um innen und außen an der Kronbeinlehne anzusetzen. Im Gleichbeinbereich und in der Fesselbeuge werden die Beugesehnen durch Fesselringband, Fesselplatte und Sohlenbinde in der Lage gehalten. In diesem Bereich werden die Sehnen von der unteren, gemeinsamen Sehnenscheide (Fesselbeugesehnenscheide) umhüllt. Sie besitzt eine Länge von 17–20 cm, beginnt 5–9 cm oberhalb des Fesselkopfes und endet in Höhe des untersten Punktes der Fesselbeuge, der Ballengrube. Die oberflächliche Beugesehne ist im Stand und wesentlich stärker (gemeinsam mit dem Fesselträger) in der 1. Stützbeinphase (Durchtreten im Fesselkopf) angespannt.

5. Die Unterstützungsbänder der Beugesehnen

Die Unterstützungsbänder beider Beugesehnen besitzen zwei wichtige Funktionen:

1. Durch ihren Ansatz ober- und unterhalb des Vorderfußwurzelgelenkes halten sie dieses Gelenk ohne Muskelkraft in gestreckter Stellung.
2. Durch Übertragung des Sehnenzuges auf die Knochen leiten die Unterstützungsbänder die Kraft von den Zehenbeugemuskeln ab, die dem Dauerzug nicht standhalten würden.

Die Beugesehnen mit ihren Unterstützungsbändern und der Fesselträger bilden einen Halteapparat, der ohne Muskelkraft das unermüdliche Stehen in den Fußwurzel- und Zehengelenken ermöglicht.

1 Strecksehne
2 Fesselträger
3 tiefe Beugesehne
4 oberfächliche Beugesehne
5 Unterstützungsband der tiefen Beugesehne
6 Unterstützungsast zur Strecksehne

Belastung der Sehnen

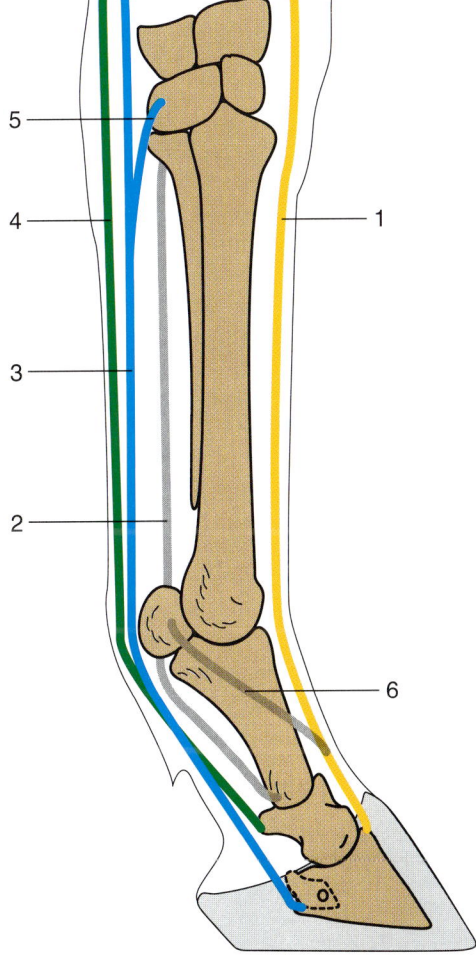

im Stand

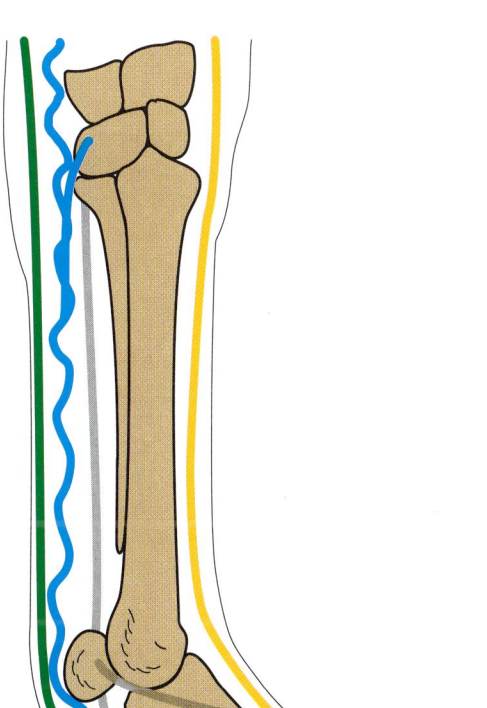

Fußen

1. Stützbeinphase
(Durchtreten im Fesselkopf)

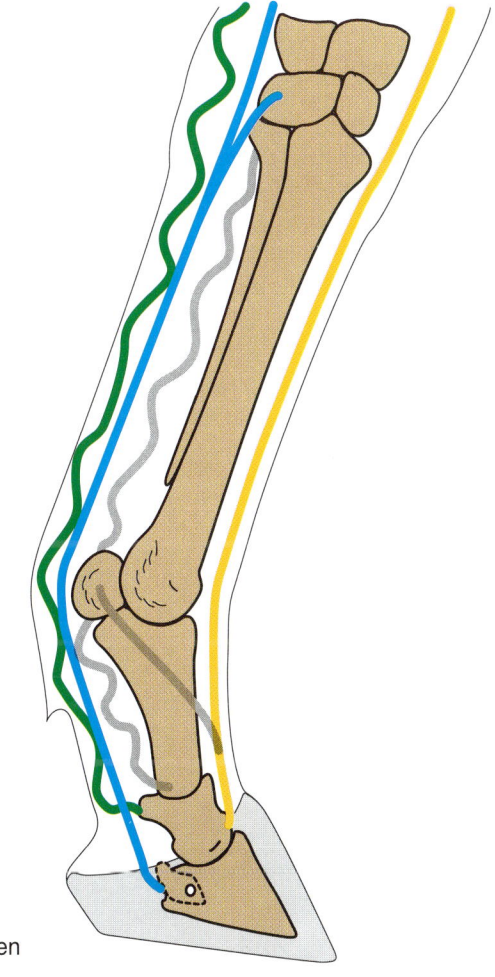

2. Stützbeinphase
(Abstemmen)

Das Gelenk

Ein Gelenk setzt sich aus folgenden Einzelteilen zusammen:
1. Aus den mit Gelenkknorpel überzogenen Gelenkenden zweier oder mehrerer Knochen,
2. aus der Gelenkhöhle, die allseitig von der Gelenkkapsel umschlossen wird und
3. aus den Gelenkbändern.

1. Der Gelenkknorpel

Der Gelenkknorpel ist an seiner Oberfläche glatt, glänzend und hellblau. Er wird durch eine schmale, verkalkte Zone auf dem Knochen fest verankert. Der Markraum des Knochens ist durch eine Knochenendplatte gegen das Gelenk hin abgeschlossen. Der Gelenkknorpel ist nur einige Millimeter stark; mitunter sogar unter 1 mm. Er besteht aus säulenförmig angeordneten Knorpelzellen, die von einem System feinster Fibrillen (Fasern) durchzogen werden und die sich an der Oberfläche zu einer Gleitzone zusammenlagern. Die Anordnung der Zellen und der Fibrillen erfolgt in Richtung der stärksten Belastungen. Der Knorpel selber ist elastisch. Das bewirkt bei der Belastung eine Anpassung der Gelenkflächen und eine Brechung des Stoßes.

Die Knorpelzellen besitzen die Eigenschaft, sich bei Beginn der Bewegung prall mit Wasser zu füllen. Im Ruhezustand geben sie Wasser wieder ab und erschlaffen. Erst in ihrem prallen Füllungszustand erreichen sie die volle Druckelastizität. In den Gelenkflächen können sich knorpelfreie Vertiefungen befinden. In diesen Gruben befindet sich Gelenkflüssigkeit. Zwischen den eng aneinander liegenden Knorpelflächen befindet sich dagegen nur ein dünner Film der Gelenkflüssigkeit. Diese Gruben in der Gelenkfläche haben bei der Bewegung die Funktion eines Schmiernippels. Als besondere Einrichtungen befinden sich in der Gelenkhöhle einiger Gelenke faserknorplige Zwischenscheiben. Sie dienen als Ausgleich zwischen inkongruenten Gelenkflächen, aber auch als Puffer. Derartige Zwischenscheiben findet man im Kiefer- und im Kniegelenk beim Pferd.

2. Die Gelenkkapsel

Die Gelenkkapsel geht an den Rändern der Gelenkflächen aus der Knochenhaut hervor und umschließt die Gelenkhöhle allseitig. Sie besteht aus einer äußeren derben Schicht, die auch Gelenkbänder enthalten kann und einer blut- und lymphgefäßreichen Innenschicht, die von Nerven versorgt wird. Die Innenschicht der Gelenkkapsel erzeugt die Gelenkschmiere (Synovia), eine klar gelbliche, fadenziehende, viskose Flüssigkeit, die in ihrer Zusammensetzung einem Filtrat des Blutplasmas entspricht. Die Gelenkflüssigkeit enthält auch weiße Blutkörperchen.

Die Funktion der Gelenkflüssigkeit besteht in der Ernährung der Knorpelschichten und in der Reduzierung der Reibung zwischen den Gelenkflächen. Die Ernährung des Knorpels erfolgt über die Synovia und einen Pump- und Saugmechanismus, der an die Bewegung des Gelenkes gekoppelt ist. Die Innenauskleidung des Gelenkes kann nicht nur die Gelenkflüssigkeit neu produzieren, sondern auch resorbieren, das ist die Aufnahme von Wasser und gelösten Stoffen durch die Zellen dieser Schicht.

3. Die Gelenkbänder

Die Gelenkbänder bestehen meist aus derbem, sehnigen Gewebe. Sie sind entweder Teile der Außenschicht der Gelenkkapsel oder selbstständige Gebilde. Sie haben die Aufgabe, die Knochen miteinander zu verbinden und in der Bewegung zu führen, d.h. das Ausmaß der Bewegungen zu bestimmen und u.U. auch zu begrenzen. Art und Umfang der Beweglichkeit werden aber auch durch die Form der Gelenkflächen sowie durch die entsprechende Muskelwirkung beeinflusst.

Längsschnitt der Zehe

Die drei Zehengelenke (**Hufgelenk, Krongelenk, Fesselgelenk**) werden durch den Bandapparat des Fesselträgers und die sehnigen Unterstützungsbänder des Hufbein- und Kronbeinbeugers unermüdbar festgestellt. Jeder Muskel setzt sich in einer oder mehreren Sehnen fort, die an bestimmten Knochenpunkten zur Bewegung der Gelenke ansetzen. Die **Sehnen**, die die Muskelwirkung oft auf weit entfernte Knochen übertragen, sind wenig dehnbare, elastische Gebilde von großer Zugfestigkeit. Hingegen ist die Druckfestigkeit sehr gering. Dort, wo Sehnen oder Gelenkkapseln sehr auf Druck beansprucht werden, ist Knochengewebe eingelagert. Diese Knochen werden als **Sesambeine** bezeichnet (Kniescheibe, Gleichbeine, Strahlbeine).

Wenn Sehnen über harte Unterlagen gleiten müssen, sind gewöhnlich **Schleimbeutel** untergelegt. Ist ein Schleimbeutel sehr lang gestreckt und wächst er um die Sehne als Hülle herum, so spricht man von einer **Sehnenscheide** (gemeinsame Beugesehnenscheide an der Rückseite des Fesselkopfes, Streckensehnenscheiden an der Vorderseite des Vorderfußwurzelgelenkes). Wenn die in den Gelenken, Sehnenscheiden und Schleimbeuteln vorhandene Flüssigkeit krankhaft vermehrt ist, kommt es zu Vorwölbungen, die man als **Gallen** bezeichnet (Gelenkgallen, Sehnenscheidengallen). Der **Fesselträger** setzt an den Gleichbeinen an und bildet den Hauptteil des Fesseltrageapparates. Der Fesselträger ist ursprünglich ein Muskel, der zu einer Sehne umgewandelt wurde.

Die beiden Gleichbeine werden durch ein Zwischengleichbeinband zusammengehalten. Die unteren Gleichbeinbänder verbinden die Gleichbeine mit dem Fesselbein. Die **tiefe Beugesehne** wird an den Gleichbeinen und am Strahlbein umgeleitet und setzt am Hufbein an (**Hufbeinbeuger**). Die **oberflächliche Beugesehne** spaltet sich in der Fesselbeuge, umschließt die tiefe Beugesehne und setzt an der Kronbeinlehne an (**Kronbeinbeuger**).

Tiefe Beugesehne, Strahlbein und der dazwischen befindliche Schleimbeutel bilden die so genannte **Hufrolle**. Das Strahlbein bildet einen so genannten Gelenkkapselkörper, der Teil der Gelenkkapsel ist und der Umleitung der tiefen Beugesehne um das Hufgelenk dient.

Das **Fesselgelenk** (Zehengrundgelenk) ist durch straffe Seitenbänder derart fixiert, dass es nur Beuge- und Streckbewegungen ausführen kann. Dazu kommt die walzenförmige Ausbildung der Gelenkfläche des Röhrbeins mit der dazu passenden grubenförmigen Gelenkfläche des Fesselbeins.

Das **Krongelenk** (Zehenmittelgelenk) wird von der Fesselbeinwalze und der Kronbeingrube gebildet. Straffe Seitenbänder erlauben auch in diesem Gelenk nur sehr geringe Drehbewegungen. Für das **Hufgelenk** (Zehenendgelenk) liefern Hufbein und Strahlbein die Gelenkgrube und das Kronbein die sattelförmige Gelenkwalze. Neben der Beugung und Streckung besteht in diesem Gelenk die Fähigkeit zur Dreh- und Seitwärtsbewegung in höherem Grade als im Krongelenk. Diese Möglichkeit der Dreh- und Seitwärtsbewegung der beiden unteren Zehengelenke befähigt den Fuß, sich den Unebenheiten des Bodens beim Fußen anzupassen. Insgesamt gesehen sind aber die Bewegungsmöglichkeiten im Hufgelenk auch sehr gering, weil das Hufgelenk in der Hornkapsel steckt.

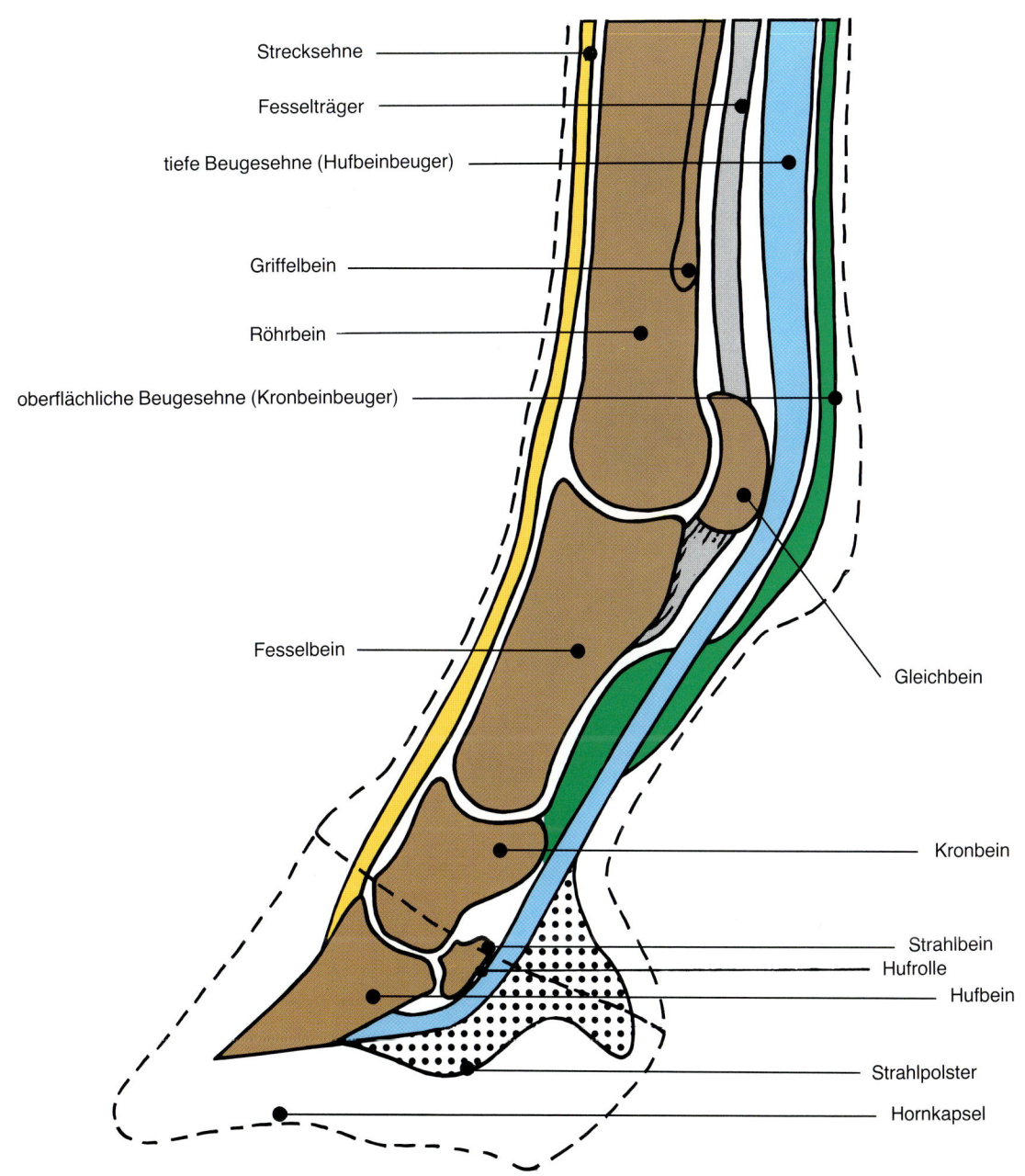

Belastungsphasen der Zehe

Egal, ob im Schritt, Trab oder Galopp, spielen sich im Zehenbereich beim Fußen die gleichen Bewegungsvorgänge an Huf, Sehnen, Bändern und Gelenken nur unter verschiedenen Krafteinwirkungen ab. Die Belastung der gesamten Gliedmaße kann in die 1. und 2. Stützbeinphase unterteilt werden. Das Vorführen der Gliedmaße wird in die 1. und 2. Hangbeinphase unterteilt. Die 1. Stützbeinphase beginnt mit der Fußung und endet mit der senkrechten Stellung der Gliedmaße. Hier beginnt die 2. Stützbeinphase, die bis zum Abheben des Hufes vom Untergrund anhält, um dann in die 1. Hangbeinphase überzugehen. Die Gelenke der Zehe sind fast reine Wechselgelenke, d.h. im Gegensatz zu Hund und Katze sind nur Beuge- und Streckbewegungen, Drehbewegungen dagegen kaum möglich. Die Drehbewegungen im Hufgelenk sind bis maximal 11–15° (vorne) und 14–18° (hinten) und im Krongelenk 4° um die Längsachse passiv ausführbar.

Das Fesselgelenk erlaubt aufgrund seiner anatomischen Form so gut wie keine Drehbewegung.

In der 1. Stützbeinphase gibt es bis zum stärksten Durchtreten im Fesselkopf eine Überstreckung des Fesselgelenkes, d.h. der vordere Winkel zwischen Röhrbein und Fesselbein verkleinert sich auf nahezu 90–100°. Die Überstreckung des Fesselgelenkes reicht bis zum Kontrakt der Vorderseiten von Fessel- und Röhrbein.

Im Hufgelenk dagegen kommt es zu einer Beugestellung. Die Winkelung der tiefen Beugesehne über der Sehnengleitfläche des Strahlbeines geht in dieser Bewegungsphase in einen gestreckten Winkel über. Die Anspannung der tiefen Beugesehne erreicht dabei das Minimum.

Das Krongelenk erweist sich als kaum bewegliches, fast steifes Gelenk, sowohl in der 1., als auch in der 2. Stützbeinphase.

In der 2. Stützbeinphase kommt es zu einer zunehmenden Streckung des Fesselgelenkes bei gleichzeitiger Streckung und Überstreckung (Abrollen über die Zehenspitze) des Hufgelenkes. Die Überstreckung im Hufgelenk wird durch den Kontakt vom Strecksehnenansatz des Hufbeines mit der Vorderseite des Kronbeines begrenzt.

In der 2. Stützbeinphase nimmt die Winkelbrechung der tiefen Beugesehne über der Sehnenfläche des Strahlbeines zu. Die Anspannung der tiefen Beugesehne erreicht mit dem Abrollen der Zehenspitze ihr Maximum.

Gangart, Geschwindigkeit, Bodenbeschaffenheit und Gewicht (Körpergewicht und Last) bestimmen das Ausmaß der Belastung im Zehenbereich.

Die folgende Tabelle vermittelt eine Vorstellung von der Hufkraft und der Fußungszeit in den verschiedenen Gangarten:

Vertikale Hufkraft und Fußungszeiten an einer Vordergliedmaße eines 500 kg schweren Pferdes (Durchschnittswerte) bei mittlerer Geschwindigkeit im Schritt, Trab und Galopp

Gangart	vert. Hufkraft [kp]	rel. Fußungszeit [%]	abs. Fußungszeit [s]
Stand	137		
Schritt	320	62	0,77
Trab	517	43	0,31
Galopp	660–875	34–42	0,07–0,32

vertikale Hufkraft — die im Augenblick einer Fußung unter dem Huf auftretende Kraft in vertikaler (von oben nach unten) Richtung
1 kp = 9,81 N (N = Newton als Maßeinheit für die Kraft)

relative Fußungszeit — prozentualer Anteil der Stützbeinphase an der Schritt-, Tritt- und Sprungdauer

absolute Fußungszeit — absolute Dauer der Stützbeinphase

Belastungsphasen

beim Fußen mit Anspannung der tiefen Beugesehne und Änderung des Zugwinkels über der Strahlbeingleitfläche

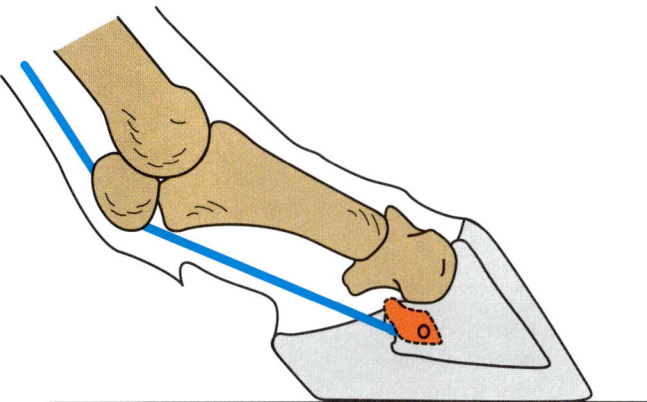

1. Stützbeinphase
(Beginn der planen Fußung)

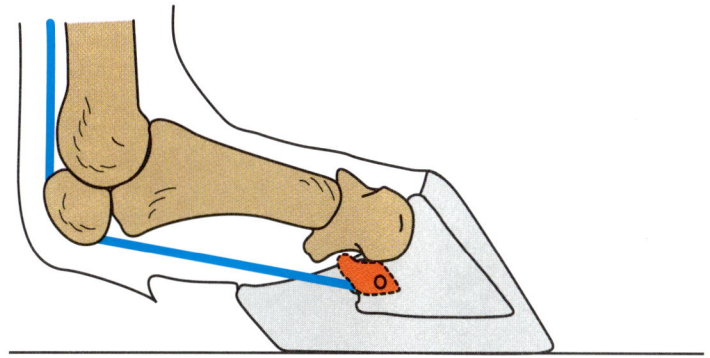

1. Stützbeinphase
(Durchtreten im Fesselkopf)

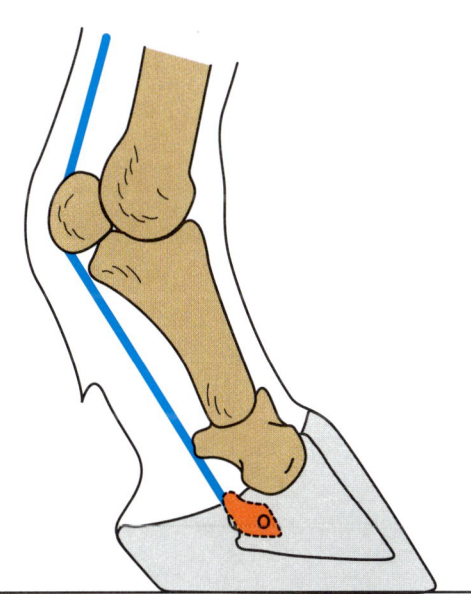

2. Stützbeinphase
(Aufrichten des Fesselkopfes)

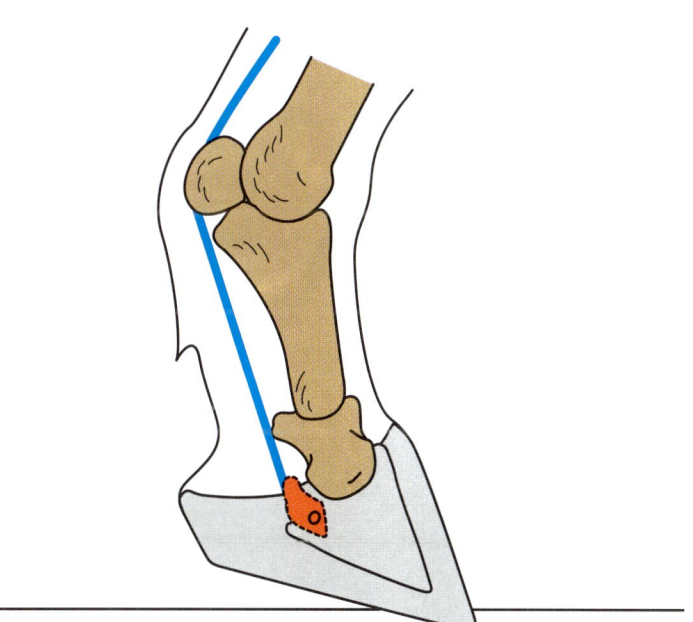

2. Stützbeinphase
(Abrollen über die Zehenspitze)

Die Hufkapsel und die Anteile der Lederhaut

An der **Hufkapsel** können folgende Abschnitte unterschieden werden: Hufsaum, Hufkrone, Hufwand, Hufsohle, Hufstrahl und Hufballen.

Als zum Huf gehörig zählt man neben der Hornkapsel das Hufbein, das Strahlbein, den von der Hornkapsel eingeschlossenen Teil des Kronbeins, die Hufknorpel und das keilförmige Strahlpolster.

Die **Huflederhaut** ist ein besonders gearteter Teil der äußeren Haut. Von ihr wird anstelle von Haaren Horn erzeugt. Da ständig neues Horn produziert werden muss, ist sie sehr reichlich mit Blutgefäßen ausgestattet. Ebenfalls ungewöhnlich stark ist die Nervenversorgung. Daher ist die Huflederhaut außerordentlich empfindlich, schmerzhafte Prozesse im Bereich der Huflederhaut führen leicht zu Lahmheiten. An der Oberfläche der Huflederhaut findet die Hornbildung statt. Man unterscheidet fünf Teile der Huflederhaut: Saum-, Kron-, Wand-, Sohlen- und Strahllederhaut. Sie erzeugen unterschiedliche Horngebilde aus denen sich der Huf zusammensetzt. Auch die Hornqualität der einzelnen Abschnitte ist unterschiedlich.

1. **Saumlederhaut**

   Die Saumlederhaut bildet den Übergang von der behaarten äußeren Haut in die Kronlederhaut. Sie stellt einen etwa 5–6 mm breiten, vertieften Streifen dar, der sich an der Krone bis zum Ballen hinzieht. 1–2 mm lange Zöttchen geben der Saumlederhaut ein samtartiges Aussehen. Von diesen Zöttchen wird das Horn des Saumbandes gebildet.

2. **Kronlederhaut**

   Nach unten schließt sich an die Saumlederhaut die Kronlederhaut an. Sie bildet eine fingerstarke ringförmige Aufwulstung, die sich bis zum Ballen hinzieht (**Kronwulst**). Auch die Oberfläche der Kronlederhaut hat wegen der Zöttchen Ähnlichkeit mit Samt.

   Die Zotten sind etwa 4–6 mm lang und dicker als die Zotten der Saumlederhaut. Sie bilden um sich herum ein sehr festes Horn in Röhrchenform. Die sehr vielen, dicht nebeneinander liegenden Röhrchen werden durch eine Kittsubstanz gegenseitig verbunden. Diese Hornschicht schiebt sich durch ständige Neubildung zum Tragerand des Hufes herunter. Dieser Vorgang wird als **Hornwachstum** bezeichnet. Ähnlich wie beim Längerwerden der Haare und der Fingernägel handelt es sich hierbei um einen steten Nachschub von toter Substanz.

3. **Wandlederhaut**

   Unterhalb des Kronwulstes breitet sich die Wandlederhaut aus. Sie überkleidet die Wandfläche des Hufbeins und einen Teil des Hufknorpels. Ferner reicht sie bis in die Eckstrebe hinein. Statt der Zotten besitzt sie eine große Menge parallel nebeneinander liegender von oben nach unten gerichteter dünner Blättchen. Sie erinnern an die Lamellen an der Unterfläche mancher Pilze. Die Zahl der Blättchen beträgt 470–630, im Mittel etwa 600. Bei der mikroskopischen Untersuchung zeigt sich, dass die Blättchen noch mit zahlreichen kleinen Nebenblättchen versehen sind. Ausgebreitet beträgt die Fläche der Wandlederhaut eines jeden Hufes etwa 1 m². Durch diese Oberflächenvergrößerung wird eine starke Anheftung zwischen Wandlederhaut und Hornwand erreicht.

   In der Nähe des Tragerandes gehen die Blättchen allmählich in Zotten über. Sie sind sohlenwärts gerichtet und verbinden sich mit den Zotten der Sohlenlederhaut. Dieser aus Zotten bestehende Grenzbereich zwischen der Wand und der Sohlenlederhaut bildet an der Sohle die so genannte **weiße Linie**, die Verbindung zwischen dem Wandhorn und dem Sohlenhorn. Die Wandlederhaut liegt dem Hufbein fest an. Als einziger Knochen des Skelettes besitzt das Hufbein keine Knochenhaut. Sie wird durch die Lederhaut ersetzt.

4. **Sohlenlederhaut**

   Die Sohlenlederhaut bedeckt die Sohlenfläche des Hufbeins. Sie ist mitunter schwarzfleckig oder schieferfarbig, ihre Oberfläche besteht aus einer großen Anzahl feiner Zotten die das harte Sohlenhorn produzieren. Im Querschnitt zeigt das Sohlenhorn dementsprechend eine feine Röhrchenstruktur.

5. **Strahllederhaut**

   Die Strahllederhaut ist der besondere Teil der Lederhaut, der das Strahlpolster bedeckt. Von besonders feinen Zöttchen wird das weiche und elastische Strahlhorn produziert.

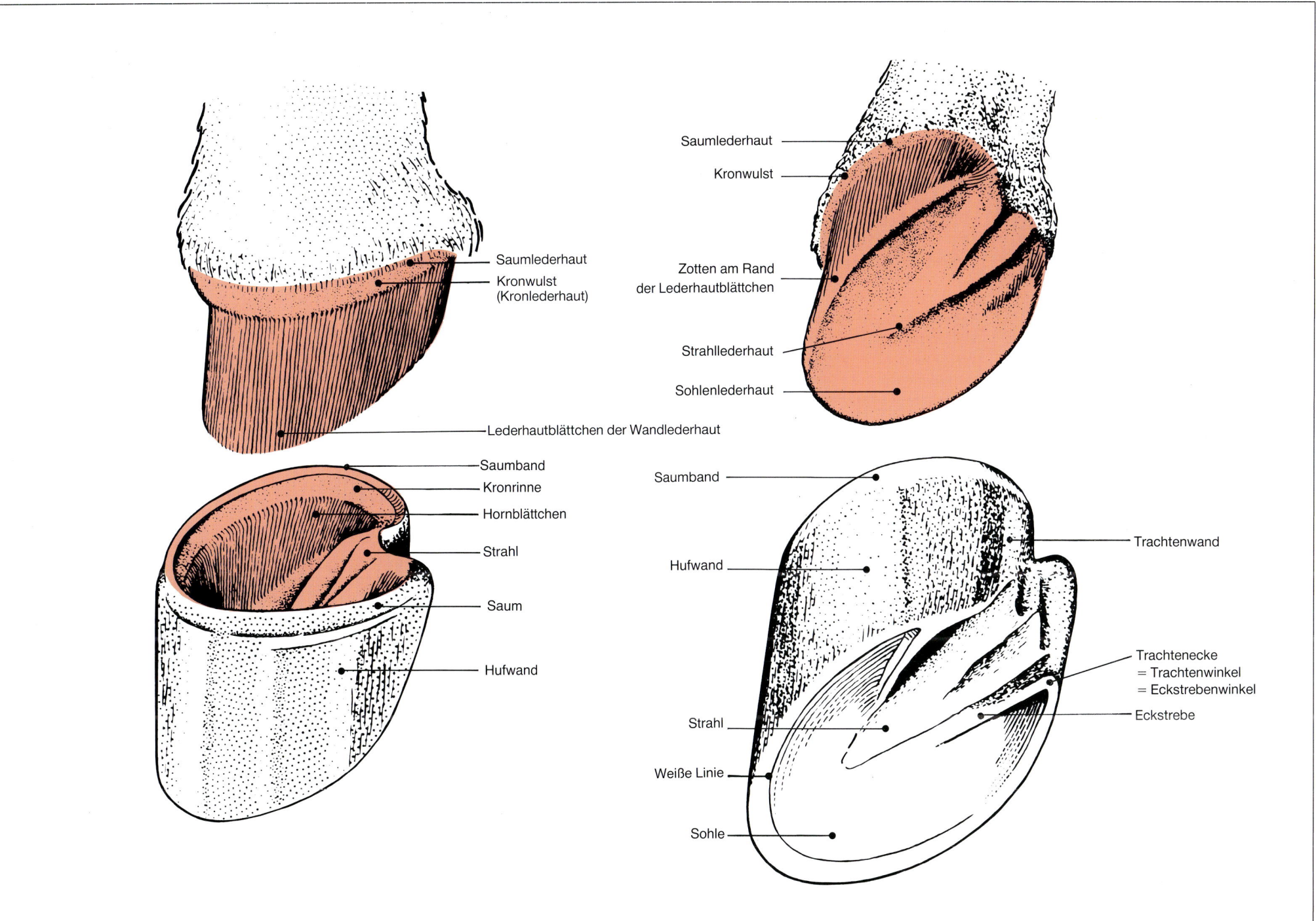

Bau der Hufwand und Hufmechanismus

Die **Hufwand** besteht aus drei Schichten:
1. der sehr dünnen Glasurschicht, die vom Saum aus gebildet wird,
2. der sehr dicken Schutzschicht und
3. der Verbindungsschicht, bestehend aus den Blättchen der Wandlederhaut.

Die **Glasurschicht** besteht aus einem bastartigen Horn, das durch Wasser besonders im Saumbereich leicht aufquillt und dann ein weißlich-trübes Aussehen erhält. Man kann das bei Weidepferden im feuchten Gras beobachten. Bei Reitpferden wird diese Schicht durch tiefen Sandboden, hohen Mist, falsche oder übertriebene Hufpflege zerstört. Die Hufwand bekommt dann ein brüchiges und bröckeliges Aussehen.
Die dicke **Schutzschicht** besteht aus einer stärkeren, harten, pigmentierten Außenschicht und einer dünneren, weichen, unpigmentierten Innenschicht.
Die stets unpigmentierte **Verbindungsschicht** als innerste Schicht besteht aus den verhornten Blättchen der Schutzschicht und den nicht verhornten Blättchen der Lederhaut, welche ineinander verzahnt sind. Durch diese farblose Schicht aus einem weichen Horn ergibt die Verbindung zwischen Sohle und Wand im Bereich des Tragerandes und der Eckstreben die sog. **weiße Linie**. In dieser Zone können besonders leicht Steinchen eingedrückt werden. Beim Beschlag der Hufe werden in diesem Bereich die Hufnägel eingeschlagen. Die monatliche **Wachstumsrate** beträgt etwa 8–10 mm. Das gesamte Horn wird an der Zehe innerhalb von 12 Monaten, an den Seiten innerhalb von 6–8 Monaten, an den Trachten innerhalb von 4–5 Monaten und an Sohle und Strahl innerhalb von 2 Monaten erneuert.

Die Hufkapsel ist trotz ihrer Festigkeit nicht unnachgiebig starr, sondern besitzt eine bedeutende Elastizität. Das Pferd steht mit seinem Hufbein nicht in der Hufkapsel wie in einem Schuh; vielmehr besteht über die Wandlederhaut des Hufbeins eine innig verzahnte Aufhängung an der Wand der Hufkapsel. Die Wandlederhaut besteht aus etwa 600 nicht verhornten 1–4 mm hohen Lamellen pro Huf. An jedem Blättchen sitzen wiederum bis 200 Nebenblättchen. Die Zwischenräume werden gleichsam wie Abdrücke durch verhornte Blättchen der Hornkapsel ausgefüllt. Auf diese Weise wird das Hufbein mit der Innenwand der Hornkapsel verbunden. Bei jeder Be- und Entlastung erfolgt eine Verformung der elastischen Hufkapsel, die als **Hufmechanismus** bezeichnet wird.
Bei der Belastung spreizt sich der Huf im Trachtenbereich, flacht sich der Aufwölbung der Sohle ab und sinkt die Krone durch Zug an der Blättchenschicht der Wandlederhaut ein, während die untere Hälfte der Vorderwand fast bewegungslos bleibt.
Eine Behinderung des Hufmechanismus führt stets zu einer Lahmheit. Die Nagelung des Hufeisens hinter der weitesten Stelle des Hufes behindert den Hufmechanismus. Die dabei auftretenden Kräfte sind so groß, dass die Nägel in den Nagellöchern abscheren können.
Das Hufeisen soll in erster Linie eine zu starke Abnutzung des Hufhornes verhindern, da in einem Monat nur etwa 1 cm Hufhorn aus dem Kronsaum nachwächst.
Da sich auch beim beschlagenen Huf bei jeder Belastung die Trachten auf der Tragefläche des Eisens beim Spreizen reiben, findet hier eine Abnutzung des Hornes statt. Am Eisen bilden sich die so genannten Scheuerrinnen. Beim Wechsel des Hufeisens muss der Zehenteil des Hufes deshalb stets stärker gekürzt werden als der Trachtenbereich.

Die Elastizität des Hufes wird durch das schwammartige, aus elastischen Fasern bestehende Strahl- und Ballenpolster unterstützt, das keilförmig vom Trachtenbereich zwischen Hornsohle und der tiefen Beugesehne eingeschoben ist. Die innen und außen den Hufbeinästen aufsitzenden und das Strahl- und Ballenpolster umfassenden Hufknorpel dienen ebenfalls der Brechung der bei der Belastung der Gliedmaße entstehenden Stoßkraft.
Das Strahl- und Ballenpolster, die Hufknorpel, die Aufhängung des Hufbeins in der Hufkapsel, die Knorpelschichten in den Gelenken und die Winkelung der Gelenke dienen der **Stoßbrechung** beim Belasten.
Die **Hornbeschaffenheit** ist im Bereich des Kronsaumes, des Strahles und des Ballens weich elastisch, im Bereich der Sohle und der Wand fest. Die **Farbe des Hornes** ist gelb bis weiß, schwarz oder streifig. Der Hornstoff (Keratin) besteht aus einem schwer zersetzbaren Eiweiß mit hohem Schwefelanteil (etwa 5%).

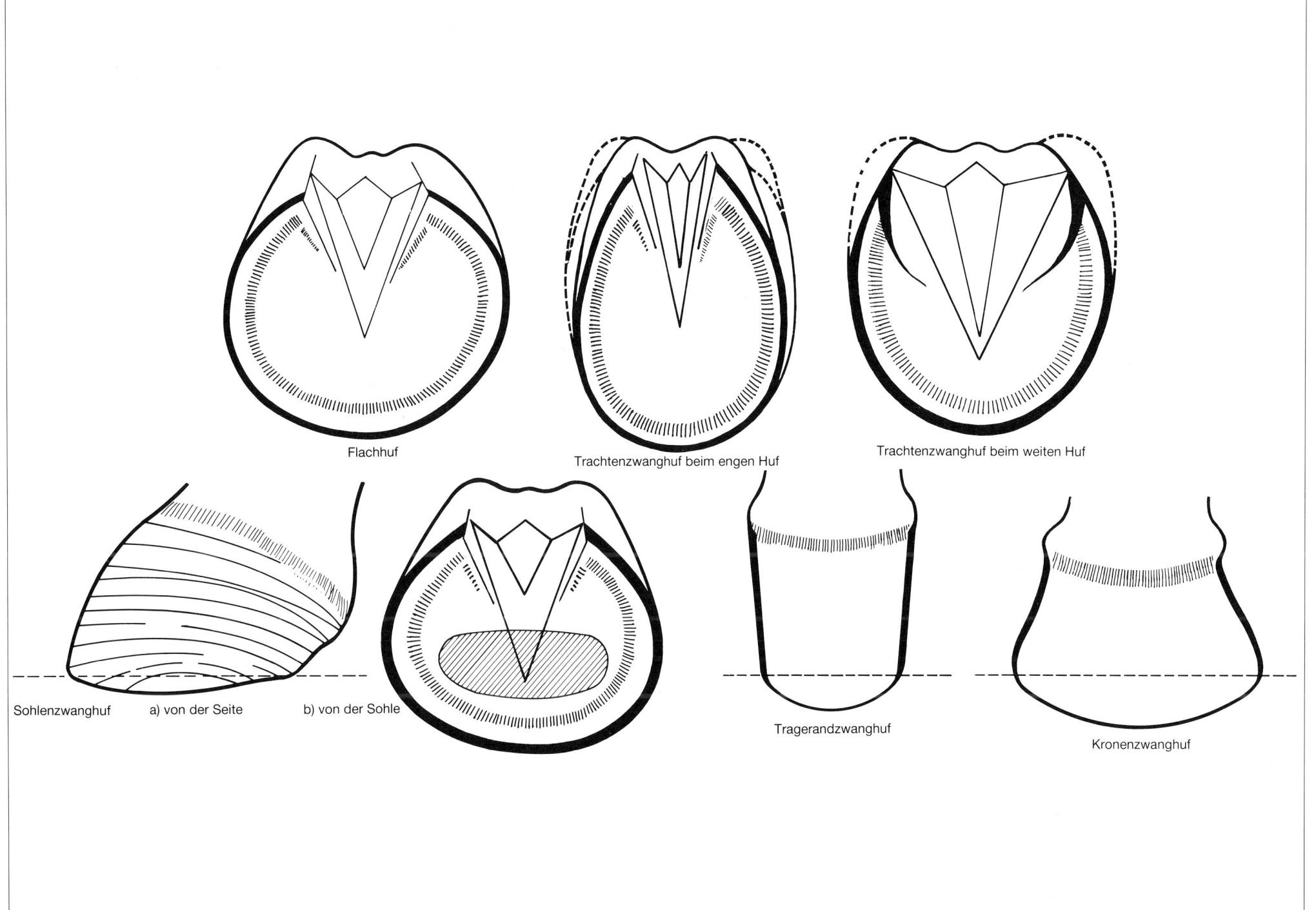

6. **Rehe, Hufrehe, Hufverschlag**
Als Rehe oder Hufverschlag wird eine ausgedehnte, nicht eitrige Entzündung der Huflederhaut bezeichnet, die an alle Hufen, meist an den Vorderhufen stärker auftritt.
Die Erkrankung entwickelt sich oft innerhalb weniger Stunden. Im Stand werden die Vorderbeine weit vorgesetzt, während die Hinterbeine unter den Leib gestellt werden. Der Gang ist klamm. Die Hufe werden nicht mit der Zehe, sondern mit den Trachten und Ballen belastet (Trachtenfußung). In schweren Fällen sind die Pferde nicht von der Stelle zu bewegen. Die Hufe sind vermehrt warm und empfindlich beim Beklopfen. Die Pulsation in den Zehenseitenarterien ist hochgradig verstärkt und klopfend. Fieber kann auftreten. Der Verlauf ist sehr verschieden. Eine Heilung kann in 4–14 Tagen möglich sein.
Im Verlauf der Wandlederhautentzündung kann es aber auch zu einer Lockerung und Trennung des Zusammenhanges zwischen der Verbindungsschicht des Hufbeins und der Wandlederhaut kommen. Infolge der Trennung und durch Gegendruck des Hufpolsters kommt es zu einer Drehung des Hufbeins in der Hufkapsel. Die Krone sinkt ein. Die Hufbeinspitze drückt auf die Sohle. In hochgradigen Fällen kann es zum Durchbruch der Hufbeinspitze durch die Sohle, zur eitrigen Entzündung des Hufbeins, zum Ausschuhen (vollständige Loslösung der Hufkapsel), zu einer verschleppten Lungenentzündung und allgemeinen Infektion mit Todesfolge kommen.
Ist eine Drehung des Hufbeins erfolgt, entwickelt sich ein Rehehuf mit nach hinten auseinander laufenden Ringen, Einbiegen der Zehenwand einige Zentimeter unter der Krone, Verbreiterung der weißen Linie durch Narbenhorn und hohen Trachten. Der Gang ist eigentümlich schleudernd. Das Pferd zeigt Trachtenfußung.

Die **Ursachen** einer Rehe sind außerordentlich zahlreich und unterschiedlich. Sie wird durch Überanstrengung (traumatische Rehe) der Pferde auf hartem, steinigem, gefrorenem, trockenem, unebenem Boden, durch Distanzritte, durch langes Stehen auf hartem Stallboden (Stallrehe), bei langen Eisenbahntransporten oder langes Stehen auf 3 Beinen bei hochgradigen Lahmheiten (Belastungsrehe) verursacht. Kaltblüter, Pferde schwammig-weichlichen Typs und Pferde mit spitz gewinkeltem oder flachem Huf neigen dazu, leichter eine Rehe zu bekommen. Eine andere Ursache sind Fütterungsfehler (Futterrehe), wie das Verfüttern von Gerste, Roggen, Weizen, Mais und Melasse. Auch durch Überfütterung – besonders bei Kleinpferden und Ponys – oder nach Koliken kann Rehe auftreten. Ebenso können Giftstoffe (toxische Rehe) wie Aloe, Brechweinstein, Akazienrinde, Wiesenschaumkraut, Rizinussamen, Einreibungen mit Petroleum, Rohöl, Vaselinöl oder bestimmte Langzeitkortisone eine Rehe auslösen. Ferner kann sie als Folgeerscheinung bei verschiedenen Infektionskrankheiten und bei der Nachgeburtsverhaltung (siehe dort) auftreten.
Beim Auftreten einer Rehe muss sofort eine **Behandlung** durch einen Tierarzt eingeleitet werden. Die Ursache muss abgeklärt und beseitigt werden. Ferner muss die Drehung des Hufbeins verhindert werden.

Das Pferd muss sofort in eine Boxe mit weichem Boden (Matratzenstreu, Torfmull, Lohe, Sand) gebracht werden. Einen eventuell vorhandenen Hufbeschlag sollte man zunächst belassen. Hufangussverbände an allen Hufen können von großem Nutzen sein. Die medikamentelle Therapie kann sehr verschiedenartig und abhängig von der Ursache sein. Bei bereits stattgefundener Hufbeinsenkung oder zu ihrer Verhinderung wird ein **Rehebeschlag** angebracht, bei dem die Sohle durch eine Huflederkitteinlage vermehrt zum Tragen herangezogen wird. Pferde mit Rehehufen bedürfen einer ständigen und gewissenhaften Hufpflege und Hufkorrektur. Sie neigen dazu, erneute Anfälle dieser Erkrankung zu bekommen.

7. **Bockhuf**
Ein Bockhuf ist ein stumpf gewinkelter Huf mit hohen Trachten und stark gewölbter Sohle. In extremen Fällen bildet die Vorderwand von der Seite betrachtet mit dem Boden einen rechten Winkel. Der Strahl wird nicht belastet. Er kommt an Vorder- und Hinterhufen bei Fohlen, sowie bei erwachsenen Pferden vor. Die Wände des engen Hufes sind meist dünn. Die Vorderwand weist von der Seite betrachtet, bei Fohlen oft einen deutlichen Knick auf und ist eingebogen. Der **Bockhuf bei älteren Pferden** kann eine Begleiterscheinung von chronischen Sehnen- und Gelenkerkrankungen sein. Der **Bockhuf beim Fohlen** entsteht infolge starker Abnutzung der Vorderwand bei gleichzeitigem intensivem Längenwachstum der Zehenknochen. Daraus resultiert eine vorübergehende relative Verkürzung der tiefen Beugesehne. Dadurch beugt sich das Hufgelenk ein und die Fohlen laufen auf der Zehenspitze. Beim Fohlen ist diese Erkrankung durch einen anklebbaren Hufschuh, durch einen Beschlag mit einem halbmondförmigen Eisen, in schweren Fällen durch einen Beschlag mit einem Eisen mit vorstehendem Zehenteil oder in ganz schweren Fällen durch einen operativen Eingriff heilbar.

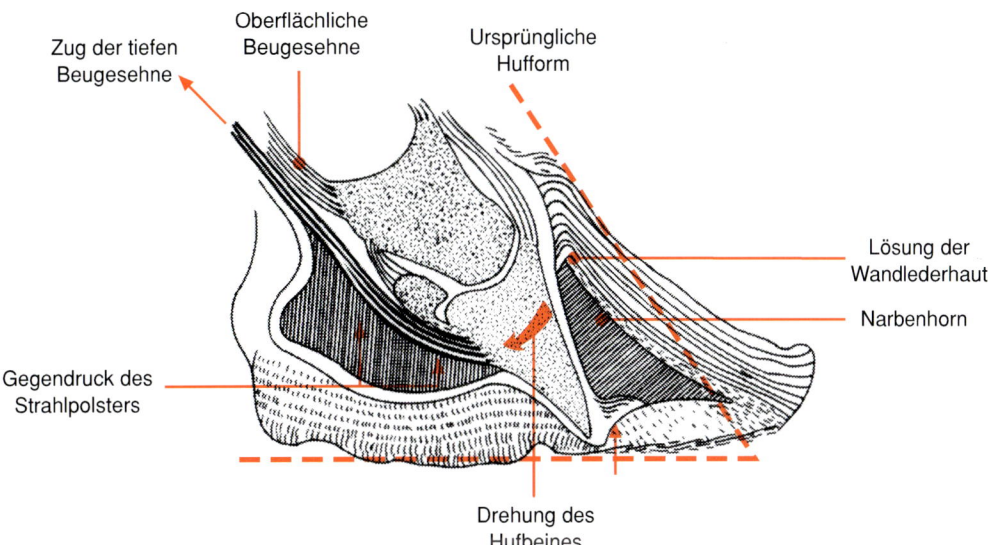

Hufrehe mit Hufbeindrehung (Längsschnitt der Zehe)

- Zug der tiefen Beugesehne
- Oberflächliche Beugesehne
- Ursprüngliche Hufform
- Lösung der Wandlederhaut
- Narbenhorn
- Gegendruck des Strahlpolsters
- Drehung des Hufbeines

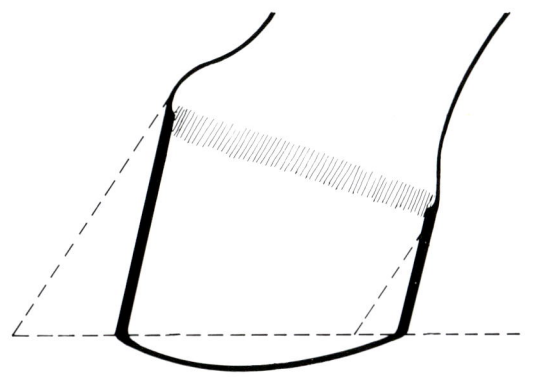

Bockhuf (gestrichelte Linie - regelmäßige Hufform)

Krankhafte Veränderungen an der Hufkapsel

1. **Hornspalten**
   Hornspalten sind Zusammenhangstrennungen der Hornwand in ihrer Längsrichtung. Man unterscheidet nach dem Sitz in Zehen-, Seiten-, Trachten- und Eckstrebenspalten (Eckstrebenbrüche), nach der Längenausdehnung in Tragerand-, Kronenrand- und durchgehende (durchlaufende) Hornspalten und nach der Tiefenausdehnung in oberflächliche (Windrisse) und tiefe (durchdringende) Hornspalten. Als Ursache gelten alle Zustände, die ungleiche Belastungsverhältnisse zur Folge haben. Da getrenntes Horn nicht wieder zusammenwächst, muss das natürliche Herunterwachsen gesunder Hornteile abgewartet werden. Bei der Behandlung soll verhindert werden, dass das Horn weiter einreißt (Ursache abstellen, Querrinne parallel zum Kronenrand schneiden oder brennen). Bei Seiten- und Trachtenhornspalten wird ein Beschlag mit einem geschlossenen Hufeisen, einer Huflederkitteinlage und Seitenaufzügen angebracht, bei dem der Bereich der Hornspalte nicht auf der Tragefläche aufliegt („schwebt"). Bei tiefen (durchdringenden) Hornspalten ist stets eine operative Behandlung erforderlich.

2. **Hornkluft**
   Als Hornkluft bezeichnet man einen Defekt der Hornwand in der Querrichtung der Hornröhrchen, der bis auf die Huflederhaut reichen kann. Sie entsteht als Folge einer Saumbandverletzung (Kronentritt). Bis zum Herunterwachsen muss besonders bei tiefen Hornklüften eine eitrige Entzündung der Lederhaut verhütet werden.

3. **Lose Wand**
   Als „lose Wand" bezeichnet man die Trennung der Hornwand von der Hornsohle im Bereich der weißen Linie. Allmählich entwickelt sich vornehmlich bei weiten Hufen im Bereich der weißen Linie eine dunkle Rille, in die sich Sand und Steinchen festgesetzt haben. Entwickelt sich eine Lederhautentzündung, tritt eine Lahmheit auf. Durch häufiges Waschen oder feuchte Witterung kann eine Lockerung des Wandhorns dann verschlimmert werden. Durch regelmäßige Hufkorrektur und Beschlag wie beim weiten Huf ist bald eine Besserung möglich.

4. **Hohle Wand**
   Bei der hohlen Wand kommt es zu einer Hohlraumbildung in der Wand als Folge heftiger Erschütterungen. In dem Hohlraum kommt es leicht zu Fäulnisprozessen. Die hohlen Wandteile müssen abgetragen werden. Der Beschlag erfolgt wie bei der operativ behandelten Hornsäule.

5. **Hornsäule**
   Die Hornsäule ist eine umschriebene, säulenförmige Hornzubildung an der inneren Wand der Hufkapsel von der Krone bis zum Tragerand. Beschränkt sich die Zubildung auf den unteren Wandbereich, wird sie als Hornschwiele oder Hornbeule bezeichnet. Die Hornsäule kann zu einer chronischen Huflederhautentzündung und zu einem rinnenförmigen Substanzverlust am Hufbein führen. Sie entsteht durch Kronentritt, Vernagelung und Hornspalten. In vielen Fällen ist sie ein Zufallsbefund ohne Lahmheit. Zeigen die Pferde eine dadurch verursachte Lahmheit, muss eine operative Behandlung durchgeführt und ein Beschlag mit einem geschlossenen Eisen mit Huflederkitteinlage und zwei seitlichen Aufzügen angebracht werden.

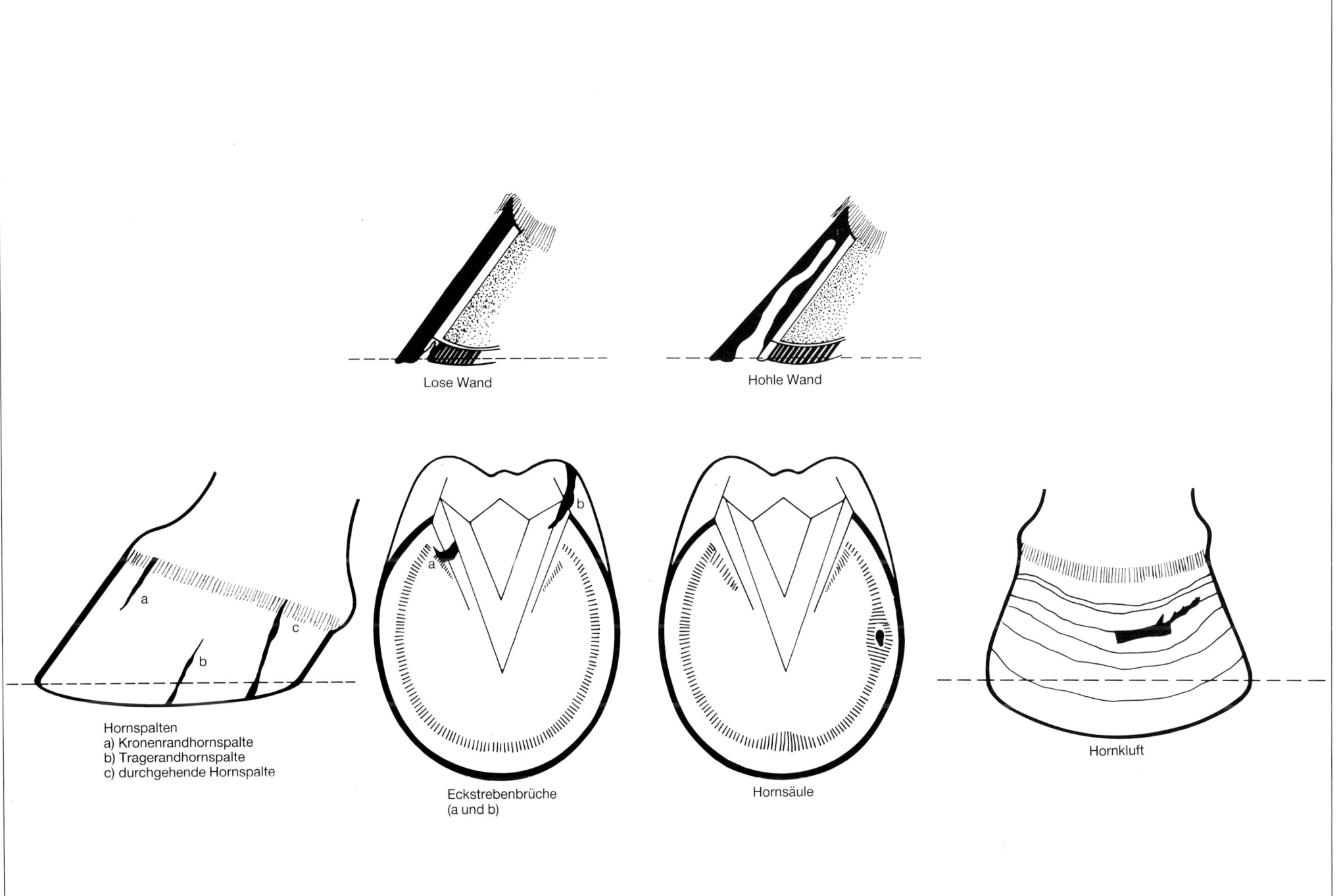

Der Huf muss zum Fesselstand passen

Beim Zubereiten eines Hufes ist als Grundforderung sowohl bei unbeschlagenen als auch bei beschlagenen Pferden stets anzustreben, dass der Huf beim Betrachten von der Seite und von vorne zum jeweiligen Fesselstand passt. Von der Seite gesehen, passt der Huf zum Fesselstand, wenn die bis in den Huf hinein verlängerte **Fessellinie** (eine von der breitesten Stelle des Fesselkopfes durch die Mitte der Fessel gedachte gerade Linie) mit der **Zehenlinie** des Hufes (vordere Begrenzungslinie der gestreckt verlaufenden Zehenwand) in gleicher Richtung verläuft. Bei dieser Stellung zeigt die Zehenachse keine Brechung in Huf- und Krongelenk. Bei der Beurteilung des Zehenteils der Gliedmaße **von vorn**, passt der Huf zum Fesselstand, wenn die verlängerte **Halbierungslinie der Fessel** die Mitte der vorderen Hufwand trifft.

Von hinten betrachtet fällt beim Passen des Hufes die Halbierungslinie des Mittelfußes in die Mitte der Ballengrube. Werden diese Bedingungen erfüllt, kommt es zu einer gleichmäßigen Belastung der Gliedmaßen beim Fußen. Beim Passen des Hufes zum Fesselstand stehen **Kronrand und Fessellinie rechtwinkelig zueinander**. Die Krone ist die Bildungsstätte des Hornes und damit richtungsgebend für das Hornwachstum. Bei einer Verlagerung des Kronenrandes muss sich entsprechend die gesamte Hufform ändern. Verlaufen beim Betrachten von der Seite Vorder- und Trachtenwand schräger als die Fessellinie, ist der **Huf zu spitz**. Er muss durch Kürzen der Zehe oder künstliches Erhöhen der Trachten korrigiert werden. Zeigen Vorder- und Trachtenwand eine steilere Grundrichtung, ist der **Huf zu stumpf**. Die Korrektur muss durch Kürzen der Trachten erfolgen.

Bei Betrachtung des Fesselstandes von vorne bzw. von hinten können grundsätzlich zwei verschiedene Arten des Abweichens beobachtet werden.
1. **Abknicken** des Hufes nach innen oder außen.
   Ist der Huf nach innen abgeknickt, ist die innere Hufhälfte höher, die Fessellinie fällt von vorn gesehen auf die äußere Vorderwand, von rückwärts auf den äußeren Ballen. Beim Abknicken nach außen sind die Verhältnisse entsprechend umgekehrt.
2. **Drehung** des Hufes um die Zehenachse. Die Drehung kann sowohl nach innen als auch nach außen gerichtet sein. Bei einer Drehung des Hufes nach innen sind die innere Vorderwand und die äußere Trachtenwand höher als die beiden übrigen, sich diagonal gegenüberliegenden Wandabschnitte. Die Fessellinie trifft von vorn gesehen die äußere Vorderwand, von hinten betrachtet den inneren Ballen. Es gibt ferner noch die Möglichkeit, dass sowohl eine Knickung als auch eine Drehung gemeinsam bestehen können.

Ist bei älteren Pferden eine deutliche Fehlstellung vorhanden, darf unter keinen Umständen durch radikales Kürzen oder entsprechendes Erhöhen der Wandabschnitte diese Grundforderung des Hufbeschlages erzwungen werden. Bei älteren Pferden haben sich durch längere einseitige Belastungsverhältnisse die Gelenke und Zehenknochen bereits deformiert. Mit einer zwangsweisen Korrektur erreicht man dann keine regelmäßige Stellung, sondern nur die Lahmheit des Pferdes. Aus diesem Grunde soll diese Grundsatzforderung vorsichtig formuliert sein: **Es ist anzustreben, dass der Huf beim Zubereiten zum Fesselstand passend gemacht wird.**

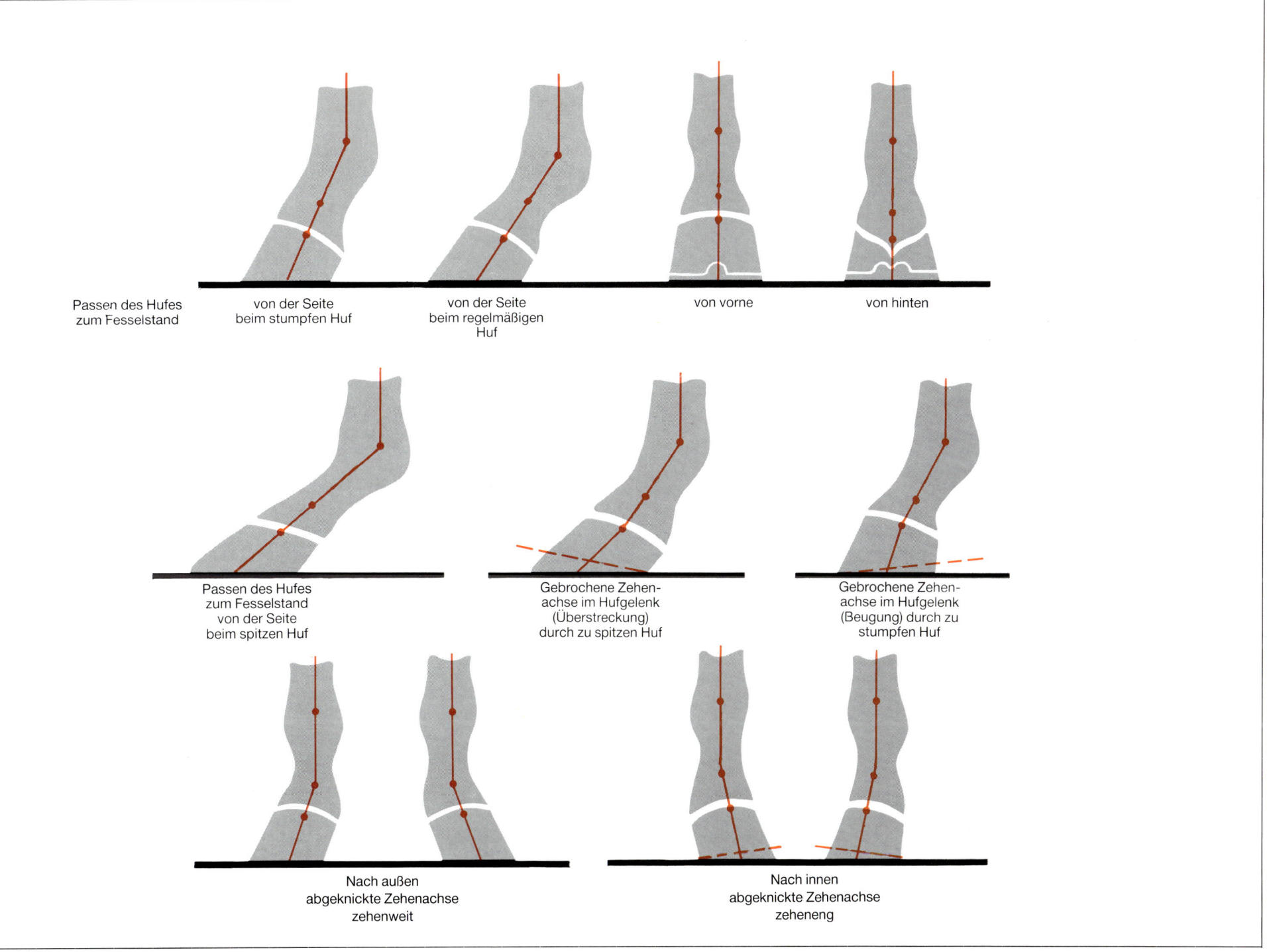

Die Arten der Fußung

Die Beurteilung der Fußung erfolgt durch Betrachtung von der Seite, von vorne und von hinten. Sie ist nur auf hartem, ebenem Boden im Schritt und Trab möglich und nicht bei Bewegung auf Rasen- oder Sandboden.

Wesentlich besser als mit der bloßen Betrachtung lassen sich Fußung und Bewegungsvorgänge der Gelenke mit der Kamera in Zeitlupe erkennen.

1. **Die plane Fußung**
   Unter einer planen Fußung versteht man das gleichzeitige Berühren der Fußungsfläche (Tragerand bei unbeschlagenen Hufen, Bodenfläche des Hufeisens beim beschlagenen Huf) auf ebenem Untergrund bei Betrachtung von der Seite bzw. von vorne oder von hinten. Die plane Fußung gilt mit Einschränkung als die physiologische Form, wozu in neuerer Zeit auch eine geringe Form der Trachtenfußung gerechnet wird.

2. **Die Zehenfußung**
   Fußt der Huf zuerst mit dem Zehenteil, spricht man von Zehenfußung. Übermäßig lange Zehen oder schmerzhafte Prozesse im Trachtenbereich des Hufes wie z.B. Hufabszesse, Hufbein- oder Strahlbeinfraktur, Hufrollenerkrankung oder andere Erkrankungen im Bereich der Zehe (Gelenke, Sehnen, Bänder, Knochen) können die Ursache darstellen.

3. **Die Trachtenfußung**
   Berührt beim Fußen zuerst die Tracht den Boden, spricht man von Trachtenfußung. In neuerer Zeit sprechen amerikanische und englische Autoren, die mit dem bloßen Auge gerade erkennbare Form der Trachtenfußung als physiologisch an. Ausgeprägte Formen dagegen sind eindeutig als pathologisch einzustufen. Sie treten bei schmerzhaften Prozessen im Bereich der Wand auf, wie z.B. bei der Hornsäule und der Hufrehe.

4. **Die Seitenfußung**
   Bei der Seitenfußung (Betrachtung von vorne oder hinten) fußt der äußere oder innere Zehen-, Seiten- oder Trachtenabschnitt zuerst.
   Als Ursache für eine Seitenfußung kommen neben Entlastungserscheinungen infolge schmerzhafter Prozesse Fehlstellungen der Zehengliedmaße (zeheneng, zehenweit, bodeneng, bodenweit) in Betracht.
   Diese Fehlstellungen gehen entweder mit einer Achsenknickung, Achsendrehung oder einer Kombination dieser Achsenveränderungen einher und sind in der Regel mit einer Schiefstellung der Gelenkflächen von Huf-, Kron- und/oder Fesselgelenk im Verhältnis zur Gliedmaßenachse verbunden.

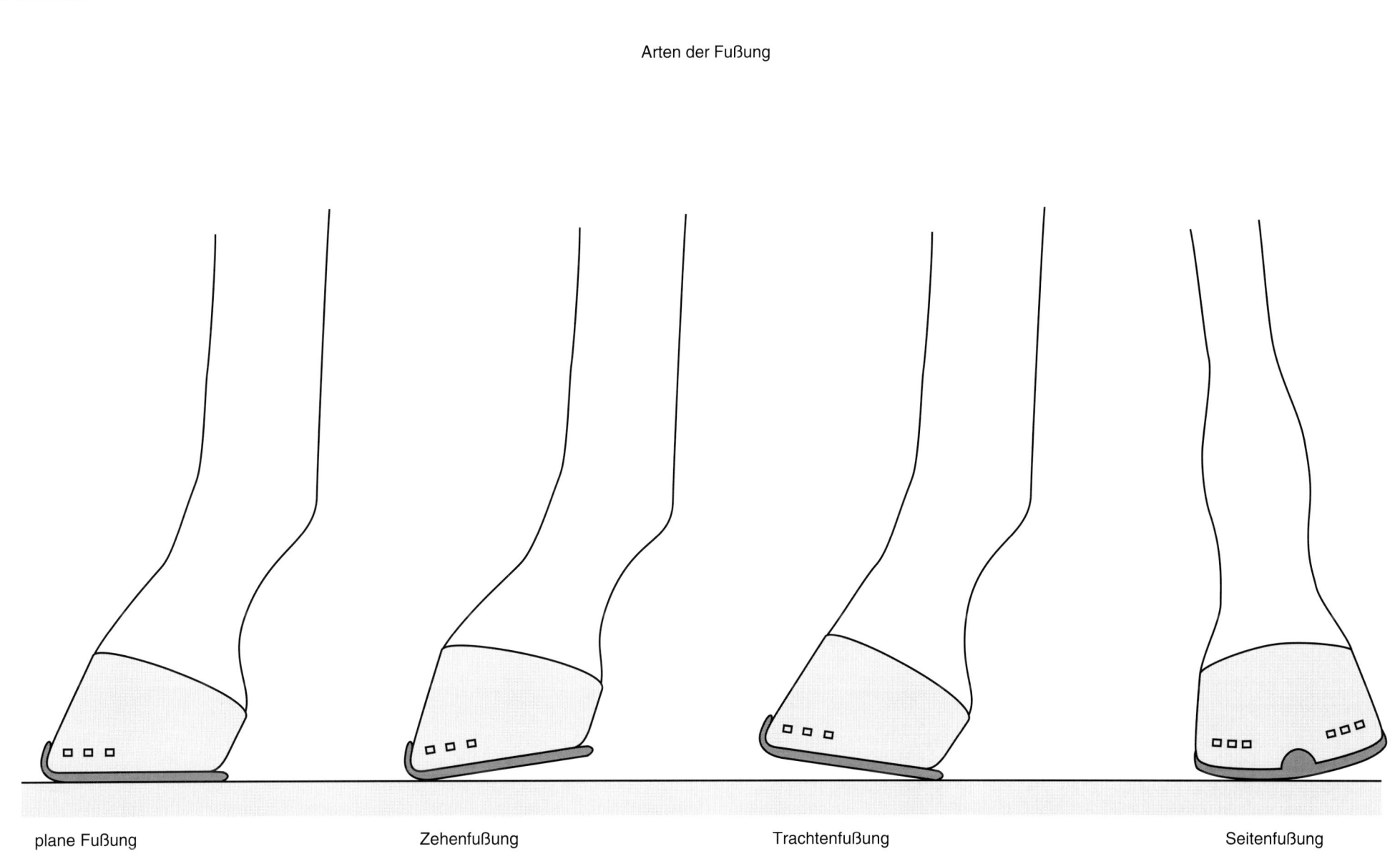

Die regelmäßige Gliedmaßenstellung

Die Beurteilung der Gliedmaßenstellung der Vordergliedmaßen erfolgt von vorne und von der Seite, die Beurteilung der Hintergliedmaßen erfolgt von der Seite und von hinten.

1. **Beurteilung der Vordergliedmaßen von vorne**
   Eine **regelmäßige Stellung** der Vordergliedmaßen liegt dann vor, wenn die in der Mitte des Hufes errichtete Senkrechte das Buggelenk trifft und dabei mit der Knochenachse zusammenfällt. Dabei stehen die Gliedmaßen senkrecht zum Boden. Zwischen beiden Hufen findet ein Huf gleicher Weite Platz. Je nach der Brustbreite kann die Entfernung zwischen den beiden Gliedmaßen unterschiedlich sein. Bei Pferden mit breiter Brust findet man eine **regelmäßig weite Stellung**, bei Pferden mit schmaler Brust eine **regelmäßig enge Stellung**.

2. **Beurteilung der Vordergliedmaßen von der Seite**
   Bei Betrachtung von der Seite ist eine Vordergliedmaße regelmäßig gestellt, wenn die in der Zehenspitze errichtete Senkrechte das Buggelenk trifft, wobei Unterarm und Vordermittelfuß senkrecht, ohne Knickung im Vorderfußwurzelgelenk stehen. Die **Fessellinie** kann eine unterschiedliche Winkelung vom Erdboden aufweisen. Ist der Winkel der Fessellinie zum Erdboden unter 45°, so bezeichnet man diesen Zustand als weiche Fesselung, beträgt er 45–50°, spricht man von einer regelmäßigen Fesselung und ist der Winkel größer, spricht man von einer steilen Fesselung.

3. **Beurteilung der Hintergliedmaßen von der Seite**
   Bei Betrachtung der Hintergliedmaßen von der Seite spricht man von einer regelmäßigen Stellung, wenn die an der Hinterkante des Hufes errichtete Senkrechte das Hüftgelenk trifft. Auch an der Hintergliedmaße kann die Fesselung steil (über 55°), regelmäßig (50–55°) oder weich (unter 50°) sein.

4. **Beurteilung der Hintergliedmaßen von hinten**
   Bei Beurteilung der Hintergliedmaßen von rückwärts spricht man von einer regelmäßigen Stellung, wenn die in der Mitte der Ballengrube errichtete Senkrechte die Sitzbeinhöcker trifft und mit der Knochenachse zusammenfällt. Auch hierbei unterscheiden wir wie sinngemäß an der Vordergliedmaße eine regelmäßige, eine regelmäßig weite und eine regelmäßig enge Stellung.

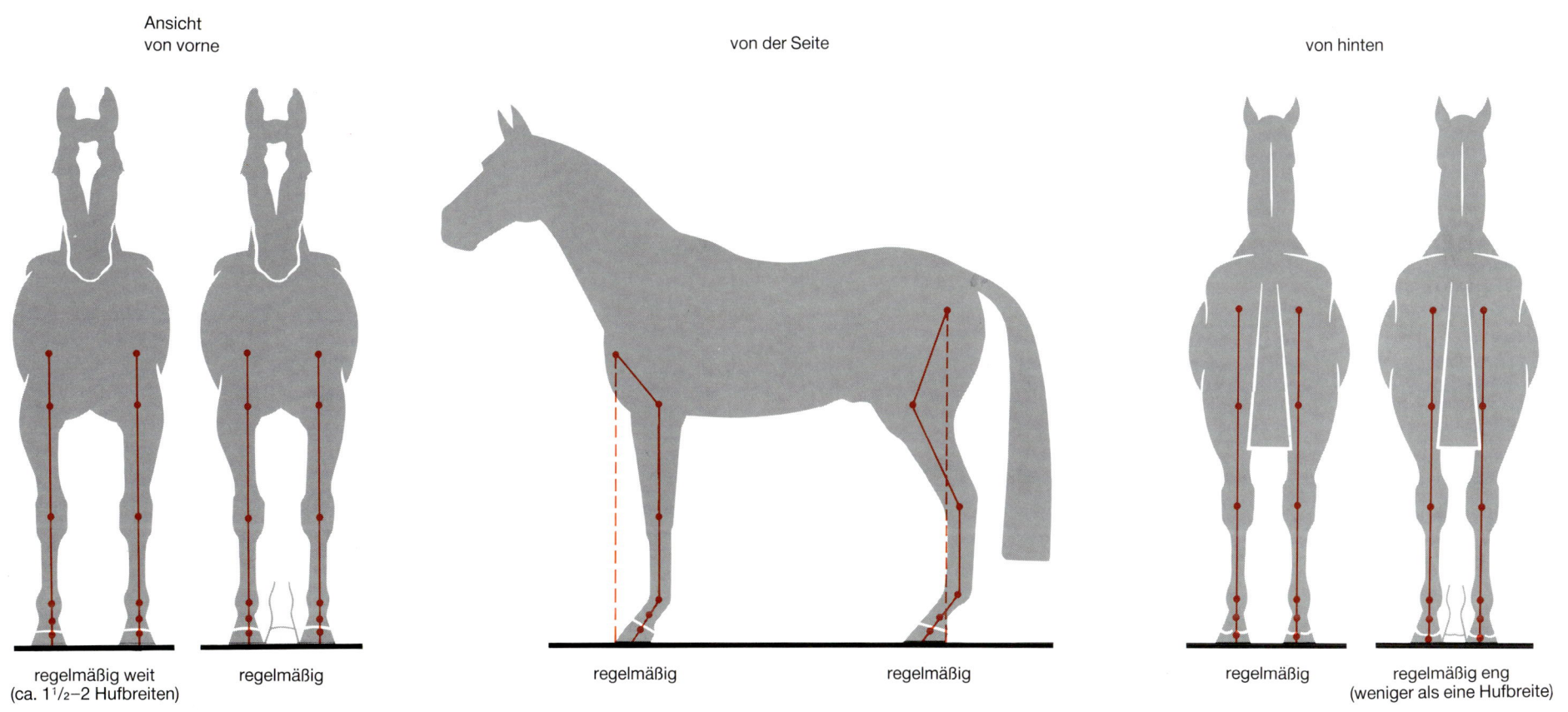

Abweichungen von der regelmäßigen Gliedmaßenstellung

1. **Bei Betrachtung der Vordergliedmaßen von der Seite**
   Liegt die in der Zehenspitze errichtete Senkrechte vor dem Buggelenk und verlaufen Unterarm und Vordermittelfuß gestreckt, jedoch etwas schräg nach vorn zum Erdboden, so steht die Gliedmaße vorständig. Hierbei liegt eine **spitze Winkelung der Fessellinie (weiche Fesselung)** vor.
   Trifft die in der Zehenspitze errichtete Senkrechte hinter das Buggelenk, wiederum bei gestrecktem Verlauf des Unterarms und des Vordermittelfußes, steht die Gliedmaße **rückständig**. Die Winkelung der Fessellinie ist stumpf (**steile Fesselung**).
   Stehen Unterarm und Vordermittelfuß nicht in einem gestreckten Winkel zueinander, bezeichnet man diese Stellung als **vorbiegig**, wenn der Vordermittelfuß nach vorne gebogen ist. Dabei liegt der Scheitelpunkt des Vorderfußwurzelgelenks an der rückwärtigen Gelenkfläche. Die **Fesselung ist weich**.
   Von einer **rückbiegigen** Stellung spricht man dann, wenn der Vordermittelfuß in seiner Achse schräg nach hinten verläuft (rückwärts). Dabei ergibt sich eine Winkelung des Vorderfußwurzelgelenkes mit dem Scheitelpunkt an der Vorderfläche. Verbunden mit dieser Stellung ist eine **steile Fesselung (stumpfe Winkelung der Fessellinie)**. Seit über 100 Jahren wird in zahlreichen Büchern des Hufbeschlages diese Bezeichnung der Gliedmaßenstellung vorgenommen. Sie steht im Gegensatz zu der in der Tierzucht üblichen Bezeichnung „vorbiegig" und „rückbiegig". Der Tierzüchter geht dabei von der Lage des Scheitelpunktes im Vorderfußwurzelgelenk aus.
   Man sollte aber aus logischen Gründen die Bezeichnung der Schmiede übernehmen, weil sie das mit der Gliedmaßenstellung gekoppelte Verhalten der Fessellinie berücksichtigt. Bei einer vorständigen und bei einer vorbiegigen Stellung liegt eine spitze Winkelung der Fessellinie (weiche Fesselung) vor. Bei der rückständigen und rückbiegigen Stellung dagegen eine stumpfe Winkelung der Fessellinie (steile Fesselung).

2. **Bei Betrachtung der Hintergliedmaßen von der Seite**
   Man spricht von einer **vorständigen Stellung** der Hintergliedmaßen, wenn die in der Hinterkante des Hufes errichtete Senkrechte vor dem Hüftgelenk liegt, bei der **rückständigen Stellung** liegt sie hinter dem Hüftgelenk. Ist der Sprunggelenkswinkel stark verkleinert, und verläuft dabei die Halbierungslinie des Hintermittelfußes schräg nach vorn, so spricht man von **säbelbeinig**.
   Die beschriebenen Stellungen der Vorder- und Hintergliedmaßen bei Betrachtung von der Seite haben gemeinsam, dass die Fessellinie zwar in unterschiedlicher Winkelung zum Erdboden verläuft, jedoch stets gestreckt ist. Von dieser Regel kann es Ausnahmen geben, wobei Winkelungen im Huf oder Krongelenk auftreten können. Dabei passt dann der Hufstand nicht mehr zum Fesselstand. Eine besonders auffällige Abweichung, die sowohl an Vorder- als auch an Hintergliedmaßen vorkommen kann, ist die **bärenfüßige (bärentatzige) Stellung**. Während der Huf eine stumpfe Form aufweist, ist die Fesselung weich, wobei Fesselbein und Kronbein fast waagerecht verlaufen.

3. **Bei Betrachtung der Vordergliedmaßen von vorne**
   Als Abweichungen beobachtet man die **bodenweite** und die **bodenenge** Stellung. Bei der bodenweiten Stellung verläuft die in der Zehenspitze errichtete senkrecht außerhalb der Buggelenke, bei der bodenengen Stellung zwischen den Buggelenken. Die Knochenachse verläuft von der Zehenspitze über das Fessel-, Vorderfußwurzel- und Ellbogengelenk gestreckt, jedoch schräg zum Boden. Besondere Verhältnisse liegen vor, wenn die Gliedmaßenachsen nicht gestreckt, sondern im Vorderfußwurzel- oder im Fesselgelenk eine Winkelung aufweisen. Liegt die Winkelung im Vorderfußwurzelgelenk mit einem auffällig weiten Abstand, so bezeichnet man diese Stellung als **o- oder fassbeinig**. Ist der Abstand zwischen den Vorderfußwurzelgelenken nur sehr gering, als **x-beinig**. Liegt bei gestrecktem Verlauf von Unterarm und Vordermittelfuß eine Winkelung im Fesselkopf vor, so spricht man von **einer zehenweiten Stellung**, wenn die Achse im Fesselgelenk nach außen gebrochen ist, und von einer **zehenengen Stellung**, wenn der Verlauf der Zehenachse nach innen zeigt. Als Ursache kann eine **Abknickung der Zehenachse**, eine **Drehung** oder eine Kombination beider Zustände vorliegen. Eine zehenenge (zehenweite) Stellung kann mit einer regelmäßigen, regelmäßig weiten, regelmäßig engen, bodenengen oder bodenweiten Gliedmaßenstellung verbunden sein.

4. **Bei Betrachtung der Hintergliedmaßen von rückwärts**
   Die Abweichungen von der regelmäßigen Stellung verhalten sich sinngemäß wie bei den Vordergliedmaßen. Die o- und x-beinige Stellung der Hintergliedmaßen ist häufiger anzutreffen. Stehen die Hintergliedmaßen x-beinig mit einer gleichzeitigen Drehung der Zehe nach außen, bezeichnet man diese Stellung als **kuhhessig**.

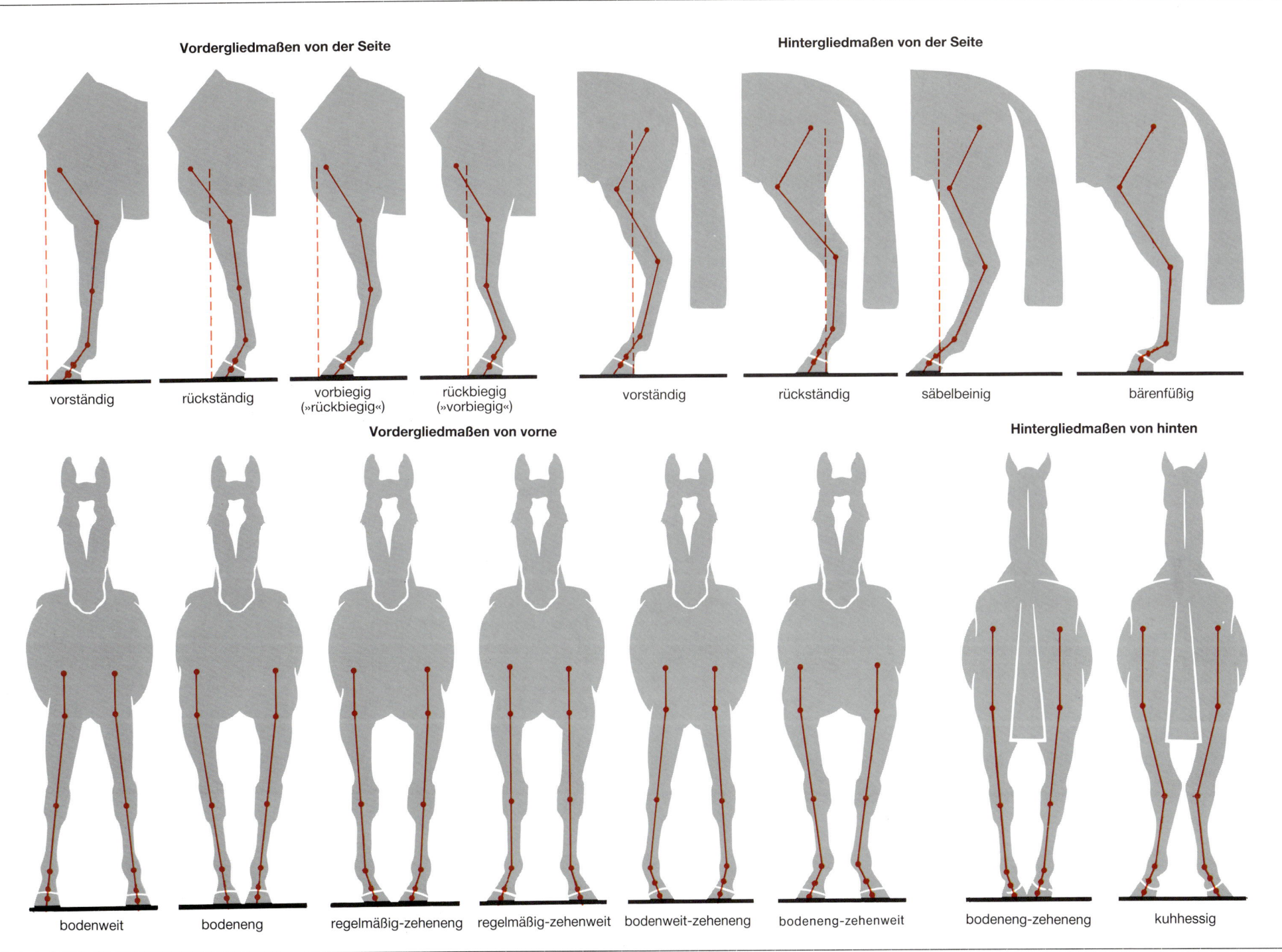

Das Pferd geht wie es steht – Gliedmaßenführung von der Seite gesehen

Das Pferd geht wie es steht, weil die Gliedmaßenführung von der Stellung in der Ruhe abhängig ist.

Im Schritt, Trab und Galopp erfolgt der Bewegungsablauf in unterschiedlicher Schnelligkeit.

Der Huf wird im Schritt in Höhe des Kronrandes und der Fessel, im Trab in Höhe des Fesselkopfes vorgeführt. Kommt es dabei zur Berührung der stützenden Gliedmaße, spricht man von Streichen. Die typischen Spuren des Streichens finden sich entsprechend der Gangart an der Innenseite der Krone (wie abrasiert oder geschoren aussehende Haare) oder des Fesselkopfes (blutende oder verschorfte Wunden, Narben, Schwielen). Von der Seite gesehen wird **bei einer regelmäßigen Stellung** mit einer regelmäßigen Hufform ein gleichmäßig aufsteigender und abfallender runder Bogen über dem Erdboden beschrieben.

Bei **vorständiger oder vorbiegiger Stellung** mit spitzer Hufform wird das Abschwingen (Abrollen) der Zehenspitze des Hufes infolge der langen schrägen Zehenwand erschwert und verzögert. Der Körperschwerpunkt ist bereits weit nach vorn verlagert. Der Bogen, den der Huf ausführt, steigt schnell an, um dann flach auslaufend und weit vorreichend zu enden. Derartig ausgeprägt verläuft die Gliedmaßenführung nur bei hartem Untergrund. Im weichen Boden dagegen entfällt das erschwerte Abrollen über die Zehe, da sie sich in den Boden eindrücken kann.

Auf festem Untergrund erreicht man durch eine natürlich vorhandene oder künstlich angelegte spitze Hufform eine Verlängerung der Schritt- und Trittlänge, der Gang wird raumgreifender. Infolge des flach auslaufenden Bogens besteht auf unebenem Untergrund die Neigung zum Stolpern.

Das erschwerte Abrollen über die Zehe führt zu einer Mehrbelastung der tiefen Beugesehne und des Hufrollenbereiches. Bei einer **rückständigen oder rückbiegigen Gliedmaßenstellung** mit stumpfer Hufform wird ein zunächst flach ansteigender, seinen höchsten Punkt hinter der Mitte erreichender und dann steil abfallender Bogen ausgeführt. Dieser Bewegungsablauf ist unabhängig von der Beschaffenheit des Bodens, weil das Abschwingen stets schnell und leicht auf weichem oder hartem Untergrund vor sich gehen kann.

Die Bewegungen sind höher, aber kürzer als bei den anderen Gliedmaßenstellungen. Die Kombination stumpfer Huf und steile Fessel bei der rückständigen und rückbiegigen Stellung führt zu einer geringeren Durchtrittigkeit im Fesselgelenk beim Fußen, die Stoßdämpfung wird dadurch reduziert.

Dazu kommt dann noch das steile Absetzen der Gliedmaße bei diesen Gliedmaßenstellungen. Alles zusammen führt zu einer vermehrten Belastung der Gelenke, insbesondere der Knorpelschichten. Die fehlende Stoßdämpfung kann auch Ursache für einen festen, steifen Rücken des Pferdes sein.

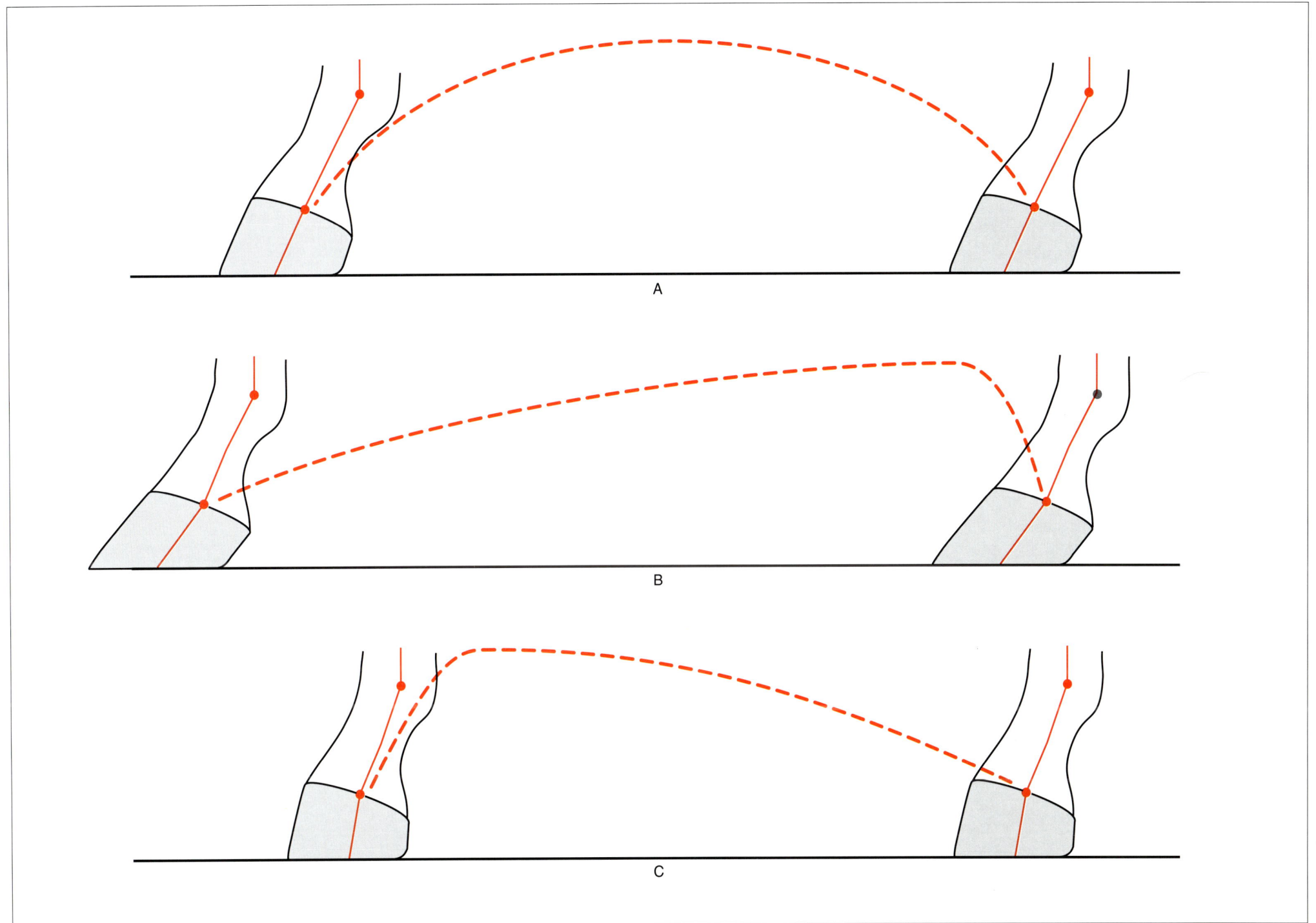

Das Pferd geht wie es steht – Gliedmaßenführung von oben gesehen

Von oben betrachtet verlaufen die Linien, die **regelmäßig gestellte Gliedmaßen** beim Vorführen beschreiben, gerade und parallel. Der Abstand richtet sich dabei zwischen den Vordergliedmaßen nach der Breite der Brust, zwischen den Hintergliedmaßen nach der Breite des Beckens. Meist ist der Abstand zwischen den Vordergliedmaßen etwas größer. Im Arbeitstrab tritt das Pferd mit dem Hinterhuf in die Spur des entsprechenden Vorderhufes. Im Mitteltrab bereits werden mitunter wie bei Trabrennpferden die Hintergliedmaßen außen neben den gerade noch stützenden Vordergliedmaßen vorbeigeführt. Berührt die vorschwingende Hintergliedmaße die noch stützende Vordergliedmaße einschließlich des Hufes, spricht man von **Greifen**.

Bei einer **zehenweiten und/oder x-beinigen Stellung**, und auch bei der **bodenweiten Stellung** erfolgt das Vorschwingen der Hufe nach innen in einem Bogen gegen die stehende, stützende Gliedmaße. Es besteht Streichgefahr (s. S. 54). Das Vorderfußwurzel- bzw. Sprunggelenk macht dabei eine entgegengesetzte Bogenbewegung beim Vorschwingen nach außen.

Bei einer **zehenengen und/oder o-beinigen Stellung**, und auch bei der **bodenengen Stellung** wird der vorschwingende Huf in einem Bogen um die stützende Gliedmaße vorgeführt. Das Vorderwurzel bzw. Sprunggelenk macht dabei eine Bogenbewegung nach innen, also entgegengesetzt.

Für diese Drehbewegungen der Hufe und Gelenke in unterschiedliche Richtung werden allgemein die Begriffe Bügeln oder Paddeln benutzt.

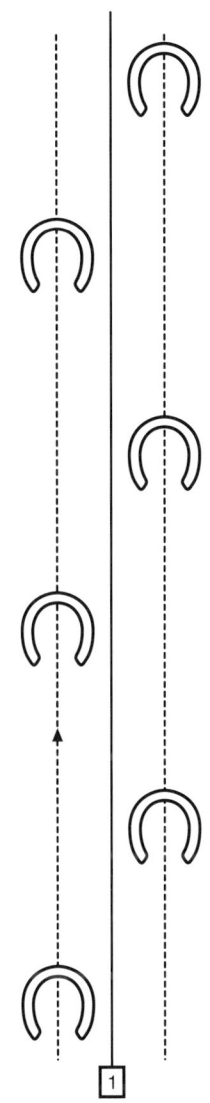

1. regelmäßige
Stellung -
Gliedmaßenführung
parallel

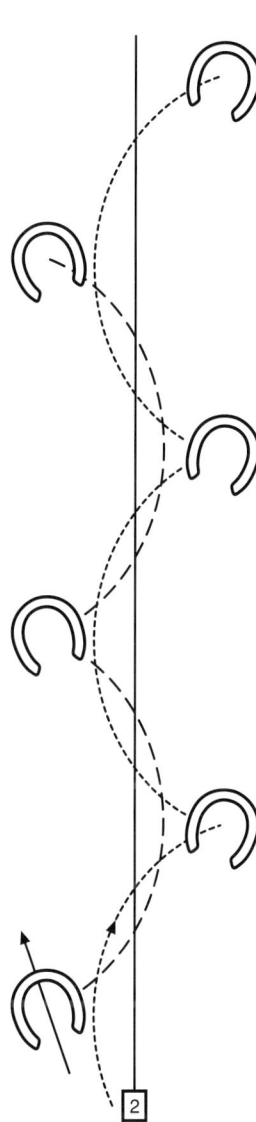

2. zehenweite
oder x-beinige Stellung –
Gliedmaßenführung
gegen den stehenden Huf

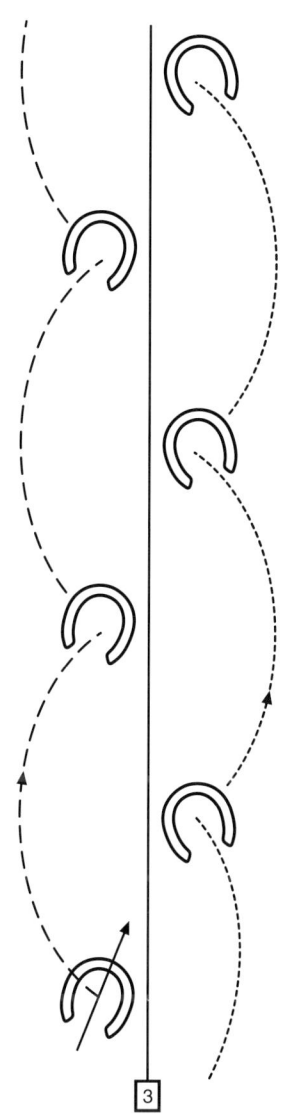

3. zehenenge
oder o-beinige Stellung –
Gliedmaßenführung
um den stehenden Huf

Bewegungsphasen im Schritt
Vordergliedmaße – Hintergliedmaße

Die Zeichnungen sind stets in der Bewegungsrichtung von rechts nach links zu betrachten. An Vorder- und Hintergliedmaße sind nicht nur im Schritt, sondern auch im Trab und Galopp Hang- und Stützbeinphase zu unterscheiden, die wiederum in die 1. und 2. Hangbein- und die 1. und 2. Stützbeinphase getrennt werden:

1. Hangbeinphase vom Abheben des Hufes vom Boden bis zu einem gedachten Lot von Schulterblatt oder Hüfthöcker
2. Hangbeinphase vom Lot bis zum Fußen
1. Stützbeinphase vom Fußen bis zur Senkrechten durch den Huf
2. Stützbeinphase von der Senkrechten bis zum Abheben des Hufes

Vorderbein

1. Hangbeinphase
Durch Beugen im Huf-, Fessel-, Vorderfußwurzel-, Ellbogen- und Schultergelenk wird die Gliedmaße beim Abheben vom Boden verkürzt und vorgeführt. Gleichzeitig erfolgt ein geringes Heben des Schultergürtels durch Muskelkraft. Das Vorschwingen erfolgt unter wesentlicher Beteiligung der Schultergürtel- und Beugemuskulatur. Dabei macht das Schulterblatt eine Drehbewegung auf dem Rumpf („Rumpf-Schulter-Gelenk").

2. Hangbeinphase
Durch Streckung aller Gelenke wird die Gliedmaße wieder verlängert, bis sie fußen kann. Der Kraftaufwand für die Streckung der frei schwebenden Gliedmaße ist gering, darum ist die Streckmuskulatur einschließlich der Strecksehnen auch nicht übermäßig stark ausgelegt.

1. Stützbeinphase
Beim Beginn des Fußens wird die Gliedmaße gestreckt nach vorne gestellt. Dazu treten die Strecksehnen des Schulter- und Ellbogengelenkes in Aktion. Während nun der Rumpf, besser gesagt der Stamm, über das Stützbein hinweg nach vorne schwingt, kommt die Vordergliedmaße in die Senkrechte. Dabei wird der Rumpf etwas gehoben, das Fesselgelenk wird durchgetreten (überstreckte Stellung) und das Vorderfußwurzelgelenk wird nach hinten durchgedrückt. Dieses geschieht insbesondere bei hoher Belastung (Renngalopp, Landung nach dem Sprung in der einbeinigen Stützbeinphase), was mit dem bloßen Auge nicht deutlich erkennbar ist.
Der Fesseltrageapparat und die oberflächliche Beugesehne mit ihrem Unterstützungsband fangen die einfallende Last auf.

2. Stützbeinphase
In der 2. Stützbeinphase strecken sich alle Gelenke wieder maximal. Das Schulterblatt vollendet seine in der 1. Stützbeinphase begonnene Drehung am Rumpf in entgegengesetzter Richtung zur Hangbeinphase. Mit der Aufrichtung des Fesselgelenkes werden Fesseltrageapparat und oberflächliche Beugesehne entlastet. Die tiefe Beugesehne und ihr Unterstützungsband spannen sich an und drücken die Zehenspitze gegen den Boden.

Hinterbein

1. Hangbeinphase
Durch Beugen im Huf-, Fessel-, Sprung-, Knie- und Hüftgelenk wird die Gliedmaße beim Abheben vom Boden verkürzt und vorgeführt. Daran beteiligt sind alle Beugemuskeln, sowie die Muskeln des Beckengürtels. Während des Vorschwingens wird das Kniegelenk etwas nach außen gedreht. Es passt sich so der Wölbung der Bauchwand an.

2. Hangbeinphase
In der 2. Hangbeinphase werden bei zunehmender Beugung des Hüftgelenkes Knie-, Sprung-, Fessel- und Hufgelenk wieder gestreckt. Die durch Streckung verlängerte Gliedmaße kann dann plan fußen. Für diesen Vorgang muss die Streckmuskulatur in Aktion treten.

1. Stützbeinphase
Die Übernahme der Last geschieht unter Spannung aller Strecker, wobei dem Feststeller des Kniegelenkes die größte Bedeutung zukommt. Sprung- und Kniegelenk werden sowohl in der 1., als auch in der 2. Stützbeinphase gestreckt und versteift. Das Durchtreten im Fesselgelenk wird durch den Fesseltrageapparat und die oberflächliche Beugesehne gebremst.

2. Stützbeinphase
Durch Aufrichten des Fesselkopfes (Fesselgelenkes) wird der Fesseltrageapparat und die oberflächliche Beugesehne entlastet, während die tiefe Beugesehne zunehmend angespannt wird. Ihr Gegendruck stabilisiert auch gleichzeitig das Sprunggelenk. Die gestreckten Winkel von Knie- und Sprunggelenk ändern sich auch in der 2. Stützbeinphase wenig.

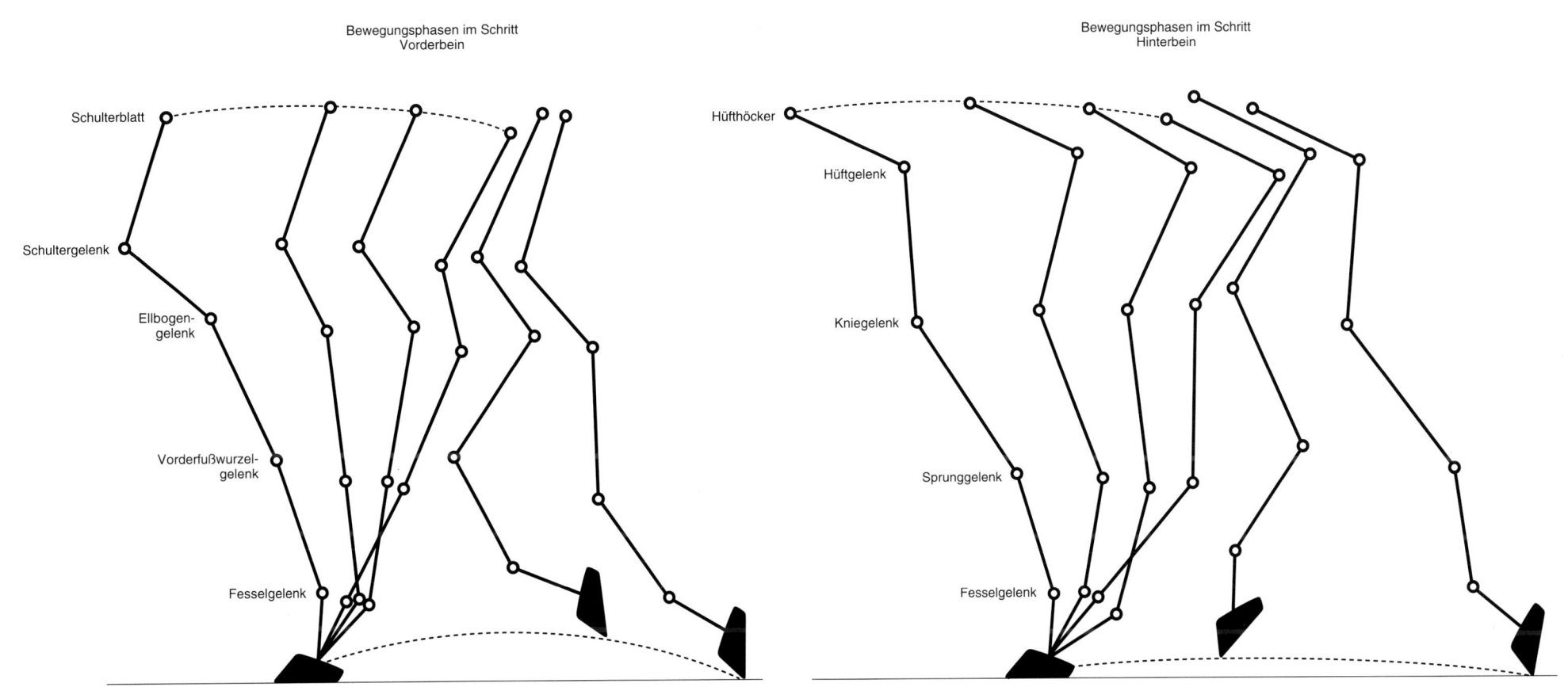

Schritt, Trab, Galopp und Sprung

Schritt, Trab, Galopp und Sprung sind Vorwärtsbewegungen mit Ortsveränderungen. Der Körperschwerpunkt verlagert sich dabei nicht nur nach vorne, sondern auch nach links und rechts von der Mittellinie. Das Hin- und Herpendeln des Schwerpunktes ist mit mehr oder weniger erkennbaren, rhythmischen Seitwärtsschwingungen des Rumpfes wie auch des Kopfes und Schweifes verbunden.

Der Schritt
Auf hartem Untergrund sind während einer Bewegungsfolge **vier** Hufschläge zu hören, die von den fußenden Gliedmaßen herrühren und in gleicher Reihenfolge: vorne rechts – hinten links – vorne links – hinten rechts ablaufen.
Im Schritt befinden sich stets zwei, zuweilen drei Gliedmaßen gleichzeitig in einer Stützbeinphase.
Die Schrittlänge beim Reitpferd beträgt 1,30 bis 1,80 m, Schrittfrequenz 50–60 pro Minute, die Geschwindigkeit 1,5–1,8 m/s = 5,4–6,5 km/h.

Der Trab
Im Trab bewegt sich das diagonale Beinpaar synchron, was sich auch mit dem bloßen Auge verfolgen lässt. Die pendelnden Seitwärtsbewegungen sind in dieser Gangart auf ein Minimum reduziert. Bei schnellerem Tempo treten Schwebephasen auf. Die Trittlänge beträgt im Trab 2,0–2,9 m, im starken Trab 3,6 m, die Trittfrequenz liegt bei 80–90 pro Minute, die Geschwindigkeit bei 3,0–5,6 m/s = 10,8–20,2 km/h und einer Schwebedauer von 4–14% der Bewegungseinheit. Von Trabrennpferden wurden Geschwindigkeiten von 48–52 km/h erreicht.

Der Galopp
Im Galopp liegt ein unsymmetrisches Zusammenspiel aller vier Gliedmaßen vor. Der Impuls wird von einer Hintergliedmaße geliefert, die den Schwerpunkt nicht in Richtung der Körperachse, sondern in Richtung der diagonalen Vordergliedmaße nach vorne treibt. Die Körperachse ist deshalb schief zur Bewegungsrichtung eingestellt. Im Rechtsgalopp geht der Impuls von der (äußeren) linken Hintergliedmaße aus. Noch während der 2. Stützbeinphase fußt das andere diagonale Beinpaar (vo. li. und hi. re.), wodurch die erste Dreibeinstütze entsteht. Während sich dann die linke (äußere) Hintergliedmaße abhebt, schwingt die rechte (innere) Vordergliedmaße nach vorne (diagonale Zweibeinstütze). Dann fußt die rechte (innere) Vordergliedmaße (2. Dreibeinstütze). Das diagonale Beinpaar (vo. li. und hi. re.) löst sich dann vom Boden. Der Körper wird jetzt nur von der rechten (inneren) Vordergliedmaße unterstützt (Einbeinstütze). Danach folgt eine Schwebephase, bis die äußere (linke) Hintergliedmaße wieder fußt. Die Sprunglänge im Galopp beträgt 2,8–8,0 m, die Frequenz der Galoppsprünge 80–140, die Geschwindigkeit 5–14 m/s = 18–50 km/h. Bei Galopprennpferden sind Geschwindigkeiten von 55 km/h gemessen worden.

Der Sprung
Der Sprung über ein Hindernis wird gewöhnlich aus dem Galopp durchgeführt. In dieser Gangart ist die Durchführung des Sprunges am leichtesten, weil der Sprung nur eine Abwandlung des Galopps darstellt. Beim Anreiten im Rechtsgalopp springen beide Hintergliedmaßen, die rechte (innere) jedoch mehr, weit unter den Körperschwerpunkt. Das ist möglich, weil der letzte Galoppsprung vor dem Absprung mit 2,0–2,2 m deutlich kürzer ist als die Galoppsprünge davor mit 2,8–3,4 m. Die linke (äußere) Vordergliedmaße hebt vor der rechten (inneren) vom Boden ab. Über dem Sprung sind die Vordergliedmaßen synchron, um bei der Landung asynchron mit der linken (äußeren) Vordergliedmaße zuerst zu fußen. Beim Absprung sind die Hintergliedmaßen zunächst stark gebeugt, um dann in eine maximale Streckung aller Gelenke überzugehen. Über dem Sprung erfolgt die starke Beugung der Gelenke. Das Fußen der Hintergliedmaßen erfolgt dann zeitlich versetzt mit dem linken (äußeren) Hinterhuf zuerst. Zu diesem Zeitpunkt ist die beidseitige Stützbeinphase der Vordergliedmaßen bereits beendet und das äußere (linke) Vorderbein hat bereits vom Boden abgehoben. Der erste Galoppsprung nach der Landung ist dann wieder kürzer als die nachfolgenden. Nicht selten wird während des Sprunges ein Galoppwechsel ausgeführt.
Der Sprung dauert etwa 1 s.
Die Hinterbeine fußen beim Absprung 0,18 s. Bei der Landung fußt für 0,06 s ein Vorderhuf, dann beide Vorderhufe für 0,11 s und anschließend für 0,07 s der andere Vorderhuf.
Die Entfernung der Absprungstelle liegt bei einem Steilsprung (Höhe 1,50 m) 1,95 m und bei einem Oxer (Höhe 1,40 m, Tiefe 1,30 m) 1,50 m vor dem Hindernis. Die Landestelle dann beim Steilsprung 2,60 m und beim Oxer 2,00 m hinter dem Hindernis.
In Bezug auf die Sprungweite gibt es bei Steilsprung und Oxer nur eine geringe Differenz von 4,20–4,60 m zu 4,90–5,60 m. Die Geschwindigkeit beim Anreiten oder zwischen den Sprüngen bei Kombination liegt bei 22–28 km/h. Im Renngalopp und in der Landung beim Sprung treten an den Vorderhufen Spitzenkräfte bis 8000 kp auf.

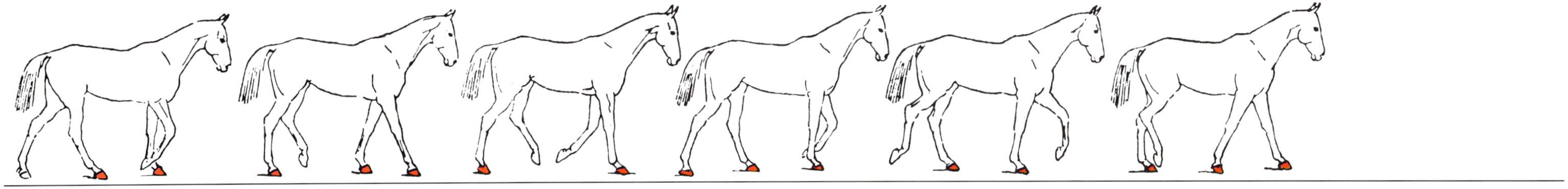

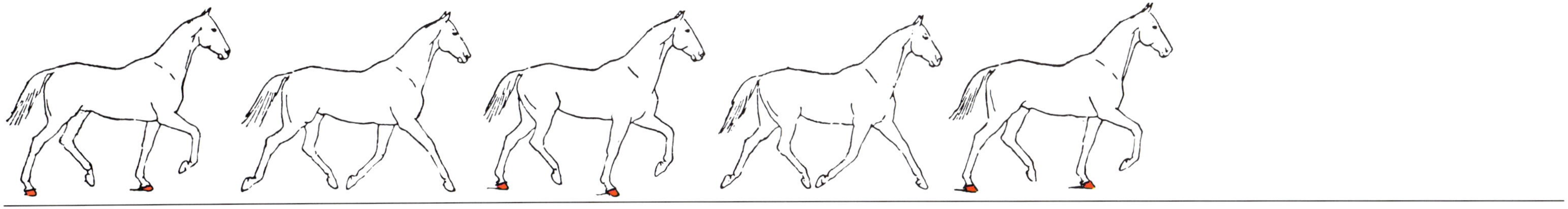

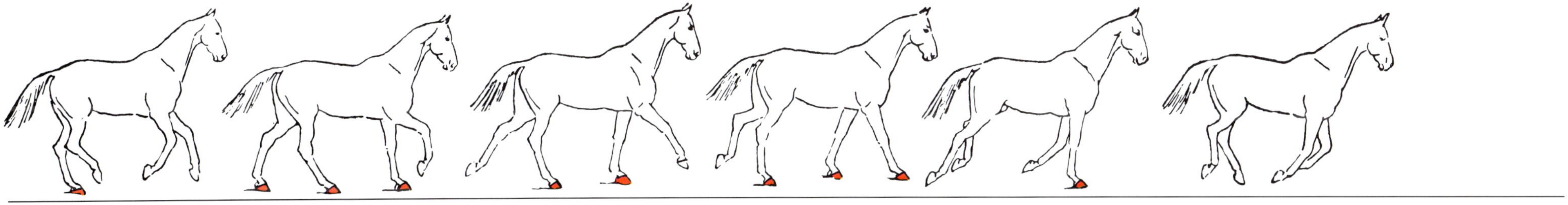

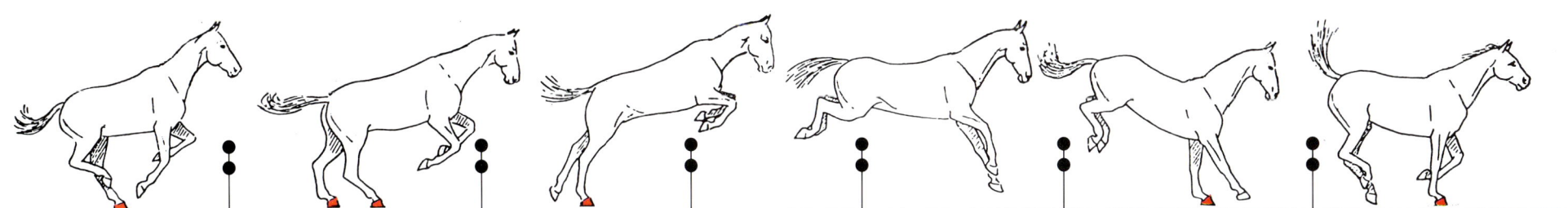

Kreislaufsystem

Das Kreislaufsystem besteht aus dem **Blutgefäßsystem**, dem **Lymphgefäßsystem** und den Organen der Bildung und des Abbaus der Blutzellen. Im Blutgefäßsystem zirkuliert, angetrieben durch rhythmische **Muskelkontraktionen des Herzens** nach Art einer doppelten Druck- und Saugpumpe, das Blut. Nach der Funktion unterscheidet man bei den Blutgefäßen drei Hauptgruppen:
1. **Arterien**, die das Blut vom Herzen wegführen,
2. **Venen**, die das Blut zum Herzen hinführen und
3. **Haargefäße (Kapillaren)**, in denen ein Stoffaustausch zwischen dem Blut und den Zellen der verschiedenen Gewebe stattfindet.

Die **Arterien** sind dickwandige, muskulös elastische Blutgefäße von unterschiedlicher Größe.
Die größte Arterie ist die **Aorta**. Sie enthält reichlich elastisches Gewebe. Während des Blutausstoßes aus der linken Kammer dehnt sie sich und kehrt dann infolge ihrer Elastizität in die Ausgangslage zurück. Dabei ergibt sich eine gleichmäßige Druckverteilung der Pulswelle. Mit steigendem Alter nimmt der Gehalt der Aorta an elastischem Gewebe ab. Dadurch steigt der Blutdruck an.
Die kleineren Arterien wirken als Verteilergefäße, die die Durchblutung der Gewebe an die Beanspruchung anpassen. In Geweben mit stark unterschiedlicher Durchblutung bestehen **zwischen den kleinen Arterien und den kleinen Venen Verbindungen (Kurzschlüsse)**.
Reich an solchen Verbindungen sind die Haut, die Hufleder haut, die Lungen, sowie die Schleimhaut des Magen-Darm-Kanals. Durch Öffnung und Schließung dieser Kurzschlüsse kann die Durchblutung im Bereich der Haargefäße reguliert werden. Zum Beispiel bei ansteigender Körpertemperatur werden die Kurzschlüsse in der Haut geschlossen, die Haargefäße der Haut werden stärker durchblutet und damit erhöht sich die Wärmeabgabe. Oder bei starker körperlicher Arbeit wird durch Schließung der Kurzschlüsse die Durchblutung im Bereich der Haargefäße der Lungen verstärkt. In der Skelettmuskulatur wird der größte Teil der Haargefäße im Ruhezustand nicht mit Blut durchströmt.
Bei Aufnahme von körperlicher Arbeit nimmt die Durchblutung der Kapillaren der beanspruchten Muskeln stark zu, wobei sich die Oberfläche um das 200-fache vergrößern kann. Infolge der hohen Elastizität der Aorta und der großen Arterien wird der rhythmische Blutausstoß des Herzens in eine fortlaufende Blutströmung umgewandelt. Es entsteht eine Blutbewegung mit stoßweiser Beschleunigung.
Die Herzkontraktionen sind als Pulsschlag an der Kiefer- und Schweifarterie fühlbar. Die Ausbreitung der Pulswelle erfolgt jedoch mit viel höherer Geschwindigkeit als die Bewegung des Blutes selbst (5 m/s = 18 km/h). Der Blutdruck im Bereich der Arterien ist infolge der rhythmischen Tätigkeit des Herzens fortlaufend Schwankungen unterworfen. Die größte Strömungsgeschwindigkeit liegt in der Aorta vor. Druck- und Strömungsgeschwindigkeit nehmen bei immer weiterer Verzweigung der Gefäße ab. In den Haargefäßen ist die Geschwindigkeit der Blutströmung sehr stark gesunken. Für den Stoffaustausch ist die Abnahme der Strömungsgeschwindigkeit von größter Bedeutung. Die Haargefäße sind so fein, dass nur einzelne rote Blutkörperchen hindurch passen (Durchmesser 0,0000054 m). Die **Lymphgefäße** durchziehen als ein **zweites Röhrensystem** neben den Blutgefäßen den ganzen Körper. Durch die Gewebe des Körpers sickert ständig ein aus den Blutgefäßen stammender Flüssigkeitsstrom, der von den Lymphgefäßen drainiert und dem Blut wieder zugeführt wird. In den Lymphknoten wird die Lymphe, die auch Krankheitserreger, Toxine und Krebszellen mitschleppt, gereinigt.
Durch den Hauptsammelgang, der die Lymphe in das Blut zurückführt, fließen bei einem Pferd etwa 1,5–2,0 l in der Stunde.

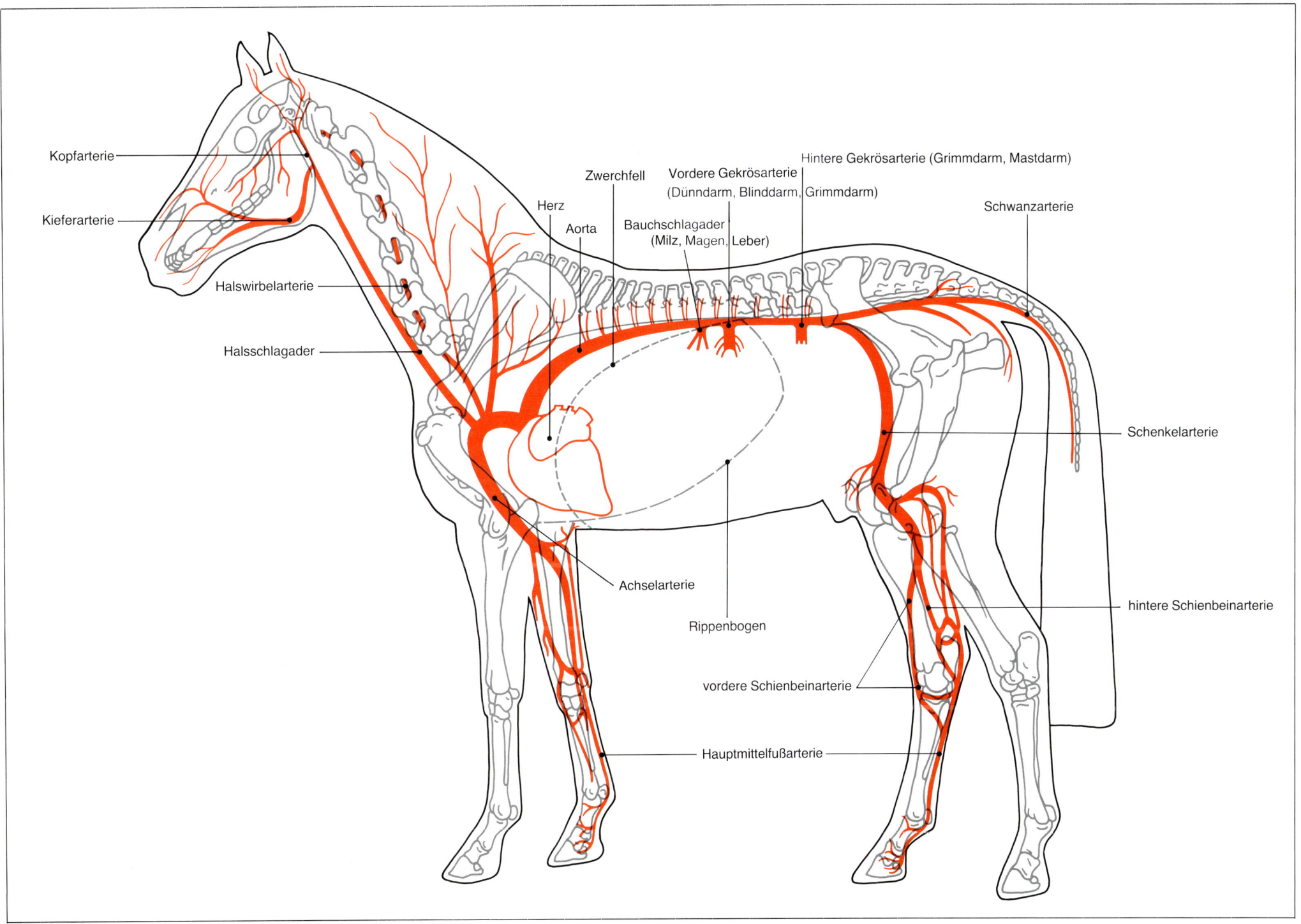

Großer und kleiner Kreislauf

Die linke Herzhälfte bewegt ausschließlich sauerstoffreiches, die rechte ausschließlich kohlendioxydreiches Blut. Aus der linken Herzkammer wird das sauerstoffreiche Blut über die Aorta in sämtliche Organe des Körpers gepumpt. Dabei strömt es durch die Haargefäßnetze des Körpers, wo es die Zellen mit Sauerstoff und Nährstoffen versorgt und ihnen zugleich ihre Stoffwechselschlacken abnimmt. Bei dieser Abgabe des Sauerstoffes und Aufnahme des Kohlendioxydes verliert das Blut seine hellrote Farbe und wird dunkelrot. Von den Haargefäßen gelangt es in die Körpervenen, die es in die rechte Vorkammer des Herzens weiterleiten. Von hier strömt es während der Erschlaffung des Herzens in die rechte Kammer. Das ihr aus den großen Venen des Körperkreislaufs zuströmende kohlendioxydreiche Blut wird in das ausgedehnte Kapillarnetz der Lungen gedrückt. Hier wird in inniger Berührung mit der Atemluft Sauerstoff aufgenommen und Kohlensäure ausgeschieden. Aus dem dunkelroten venösen Blut wird hellrotes arterielles Blut. Aus den Haargefäßen der Lungen fließt es in die Lungenvenen, über die es zum linken Vorhof strömt. Von hier gelangt es während der Erschlaffung des Herzens in die linke Kammer, die es mit der nächsten Zusammenziehung des Herzens wieder in den großen Kreislauf pumpt.

Die **Kreislaufzeit**, das ist die Zeit, die ein Bestandteil des Blutes für einen Umlauf braucht, beträgt beim Pferd nur 32 Sekunden. Jedoch kann die Verweildauer einzelner roter Blutkörperchen in den Haargefäßen mehrere Stunden betragen. Die Venen, die das Blut zum Herzen zurückführen, folgen im Großen und Ganzen dem Verlauf der Arterien. Neben dem großen Körper- und dem kleinen Lungenkreislauf gibt es noch einen weiteren Kreislauf von Bedeutung. Er führt das nährstoffbeladene Blut aus dem Magen-Darm-Kanal der Leber zu.

Das **Blut** besteht aus dem Plasma, den roten und weißen Blutzellen und den Blutplättchen. Die Funktionen des Blutes sind sehr zahlreich wie Atmung, Ernährung, Ausscheidung, Abwehr, Hormontransport, Wärmeübertragung und vieles andere mehr.

Das Gesamtvolumen bei Säugetieren beträgt $1/14$–$1/13$ des Körpergewichtes, das sind 7,1–7,6 Gewichtsprozent. Pro kg Körpergewicht rechnet man eine Blutmenge von 60–100 ml. Das entspricht bei einem 500 kg schweren Pferd einer Gesamtblutmenge von 40–50 l.

Der Anteil der roten Blutzellen am Gesamtblutvolumen beträgt bei Kaltblütern 33% und bei Vollblütern 42%. Ebenso schwankt die Anzahl der roten Blutzellen pro mm^3 zwischen 5–7 Millionen bei schweren Arbeitspferden und 8–11 Millionen bei trainierten Vollblütern. Die roten Blutkörperchen dienen hauptsächlich dem Transport des Sauerstoffs von den Lungenbläschen zum Gewebe und der Kohlensäure in umgekehrter Richtung. Ihre Gesamtoberfläche beträgt etwa 14.000 m^2. Ihre Zahl ist abhängig vom Alter, vom Geschlecht (Stuten etwa 10% mehr), von der Arbeitsleistung, der Rasse, der Höhenlage und der Ernährung. Ein 500 kg schweres Pferd mit 40 l Blut und 8 Millionen roter Blutkörperchen pro mm^3 hat für den Transport von Sauerstoff und Kohlendioxyd 320.000.000.000.000 (32×10^{13}) rote Blutkörperchen zur Verfügung.

Die Lebensdauer der roten Blutkörperchen beträgt etwa 50 bis 160 Tage. Infolgedessen müssen im Knochenmark laufend große Mengen von roten Blutkörperchen nachgebildet werden.

Bei verschiedenen Infektionskrankheiten ist die Lebensdauer der roten Blutkörperchen bis auf 5 Tage verkürzt. Der Umfang der Produktion der roten Blutkörperchen beträgt nach Untersuchungen und Berechnungen etwa 43 Millionen pro Sekunde rote Blutkörperchen, die zerstört und in der gleichen Zeit nachgebildet werden. Ein rotes Blutkörperchen legt während seiner Lebensdauer eine Wegstrecke von etwa 500–1000 km im Blutgefäßsystem zurück. Ihr Abbau erfolgt vor allem in der Milz, im Knochenmark und in der Leber. Dabei wird der rote Blutfarbstoff zum Gallenfarbstoff abgebaut, der mit der Galle in den Dünndarm abgegeben wird.

Die **Milz** kann beim Pferd 20% des Blutvolumens in konzentrierter Form speichern und bei Bedarf sofort wieder in den Kreislauf ausschütten.

Die weißen Blutzellen, die 1–2% der roten Blutzellen ausmachen, haben eine Abwehr- und Schutzfunktion. Die **Blutplättchen** (200.000 bis 800.000/mm^3) haben einen wesentlichen Einfluss auf die Blutgerinnung, die beim Pferd mit einer Gerinnungszeit von 12 Minuten sehr langsam ist (beim Hund 2–3 Minuten).

Die Angaben der **Blutgruppensysteme** schwanken beim Pferd zwischen 10 und 19.

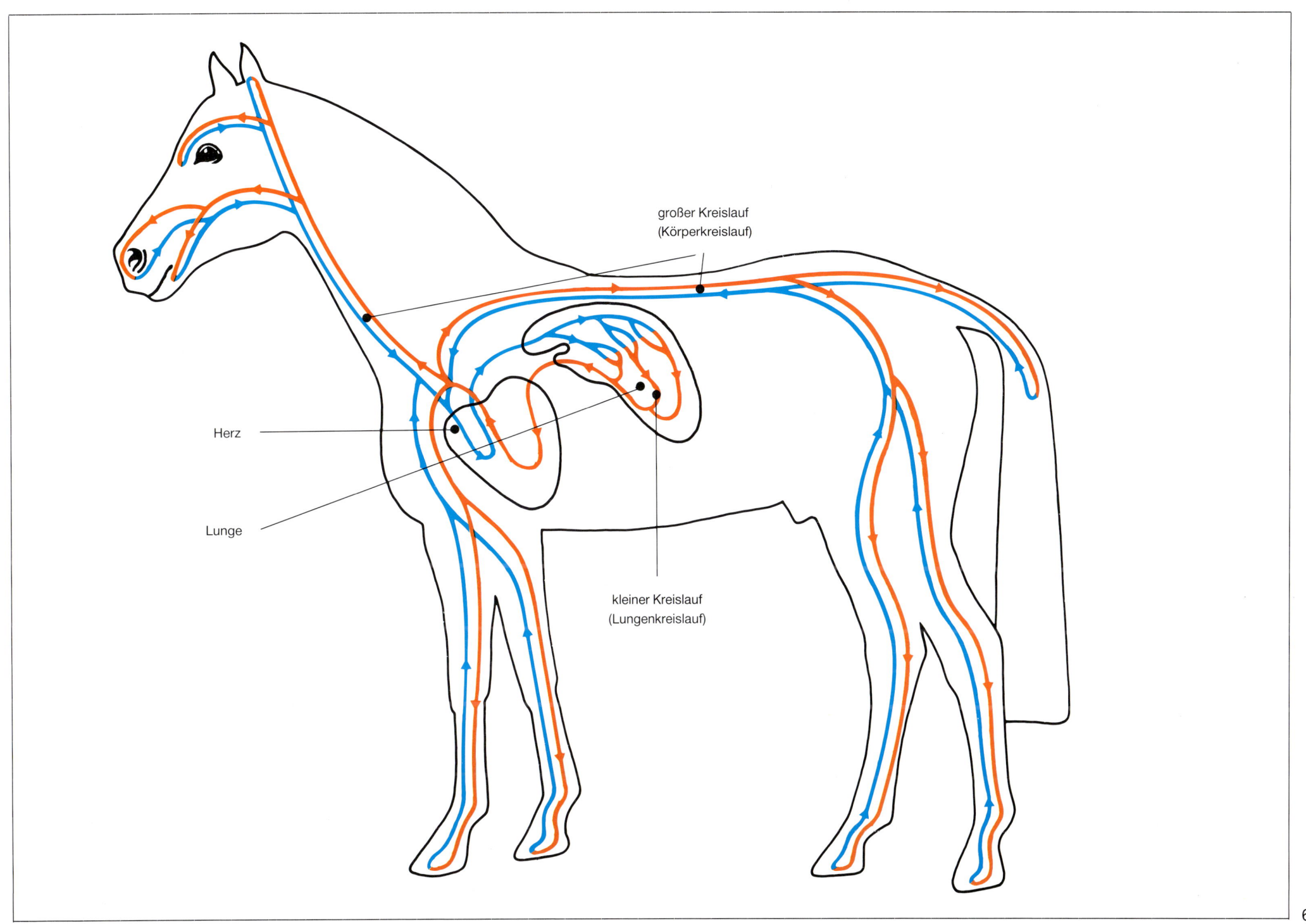

Schnitt durch das Herz (rechte Hälfte)

Das aus je 2 Kammern und Vorhöfen bestehende **Herz** ist der Motor für die Blutbewegung. Kammern und Vorhöfe sind durch Scheidewände und ventilartige Klappen voneinander getrennt.

Die Tätigkeit des Herzens ist eine fortwährende rhythmische Zusammenziehung mit anschließender Erschlaffung. Da in den großen Schlagadern ein beachtlicher Druck herrscht, muss der Herzinnendruck bei der Zusammenziehung diesen Druck übersteigen. Bei der Zusammenziehung beider Kammern wird das arterielle, sauerstoffreiche Blut der linken Kammer in den Körper, das venöse, kohlendioxydreiche der rechten in die Lungen gepumpt. Bis auf einen geringen Rest werden die Kammern entleert. Dann erschlaffen sie. Durch ventilartig wirkende Taschenklappen wird der Rückstrom von Blut in die Kammern verhindert. Durch die Lungenvenen und die vordere Hohlvene fließt neues Blut über die Vorhöfe in die Kammern.

Dann wiederholt sich der Vorgang des Herzschlages. Die Herztätigkeit verläuft in den beiden Phasen der Entleerung und Wiederanfüllung in vollkommener Regelmäßigkeit und führt zu einem höhrbaren Doppelton.

Die **Herzklappen** bewirken eine einseitige Blutströmung von den Vorkammern in die Kammern und von dort in die Arterien. Störungen der Funktion der Herzklappen entstehen meist infolge von Entzündung. Dabei treten charakteristische Geräusche bei der Herzkontraktion auf. Bei ungenügender Schließfähigkeit der Klappen, fließt dann ein Teil des Blutes während der Kontraktion in die Kammern zurück. Das Herz enthält bestimmte Fasern, die zur Bildung elektrischer Signale in einem bestimmten Rhythmus befähigt sind. Sie bilden den natürlichen **Schrittmacher der Herzkontraktion**, d.h. die Herzkontraktionen werden durch diese elektrischen Signale in einem bestimmten Rhythmus automatisch ausgelöst. Die Stärke der Kontraktion der Herzkammern ist vom Widerstand im Bereich des Lungenkreislaufes abhängig. Die regulierenden Zentren für die Funktion des Herzens und des Kreislaufes liegen im Bereich des verlängerten Rückenmarks. Bei körperlicher Arbeit steigt die Tätigkeit dieses Zentrums an und die Herzschlagfrequenz nimmt zu. Beim Pferd sind die rassebedingten **Unterschiede des Herzgewichtes** (1,3–4,2 kg) sehr groß. Das geringste relative Herzgewicht von nur 0,6% (zum Körpergewicht) besitzen die Kaltblutpferde (Schrittpferde). Bei Vollblütern steigt das relative Herzgewicht auf über 1%. Bei trainierten Pferden vergrößert sich das relative und absolute Herzgewicht. Die Herzschlagfrequenz in der Ruhe liegt im Bereich von 28–40 Herzschlägen pro Minute. Bei körperlichen Leistungen steigt die Frequenz. Bei Trab- und Galopprennpferden konnten im Rennen schon Frequenzen von 220 gemessen werden.

In der Regel haben jüngere Tiere höhere Frequenzen als alte. Bei Fohlen kann die durchschnittliche Frequenz bei 80 liegen. Ein Pferd mit einem Körpergewicht von 500 kg hat ein durchschnittliches Herzschlagvolumen von 850 ml. Das ergibt bei einer Herzfrequenz von 34 in der Ruhe ein Minutenvolumen von 29 l. Wie groß die Leistung des Herzens bei großen Anstrengungen sein muss, lässt sich errechnen.

Die pausenlose Arbeit des Herzens setzt eine starke Blutversorgung voraus. Ungefähr 10% des Schlagvolumens geht durch den Herzmuskel.

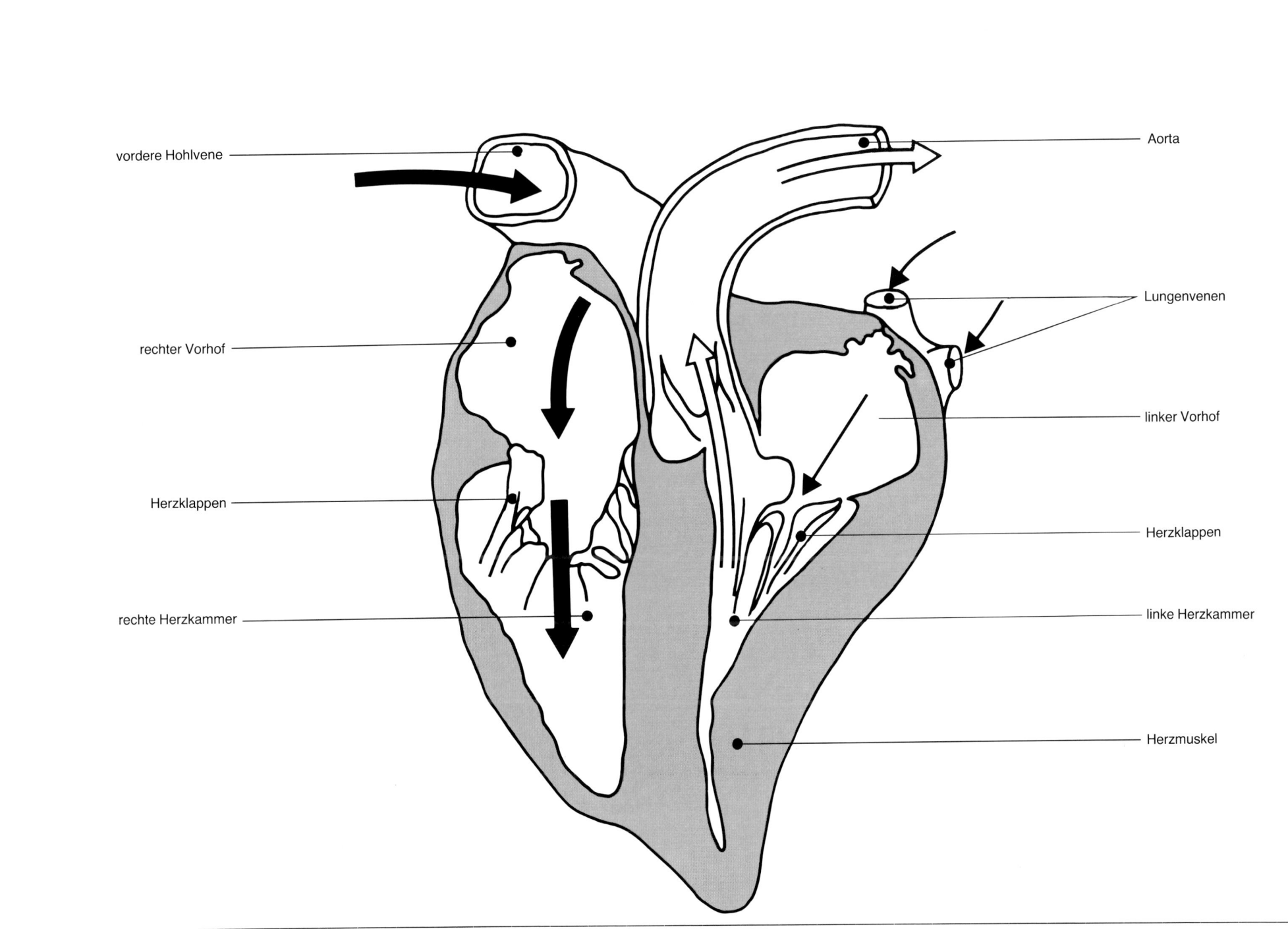

Die Atmungsorgane

Die Atmungsorgane ermöglichen den Gasaustausch zwischen dem Blut und der Luft. Mit ihrer Hilfe erfolgt die ununterbrochene Versorgung mit Sauerstoff, die Weitergabe an das Blut, die Übernahme der Kohlensäure aus dem Blut und der Abtransport der Kohlensäure. Der Gasaustausch erfolgt in den Lungenbläschen. Ferner regeln sie die Luftzufuhr. Die Luft gelangt über die Nasenlöcher, Nasenhöhle, den Kehlkopf, die Luftröhre, die Bronchien in die Lungenbläschen der Lunge.

Luftzuführende Wege

1. **Nüstern**
   Die **Nüstern** (**Nasenlöcher**) sind bei ruhiger Atmung sichelförmig. Bei verstärkter Atmung blähen sich die Nüstern im Bereich des häutig-muskulösen Seitenabschnittes des Naseneinganges.
   Dieser Bereich wird als **weiche Nase** bezeichnet. In diesem Bereich ist der Nasenflügel nicht durch einen Knorpel geformt. Dicht hinter dem Naseneingang befindet sich die **Flügelfalte**, die das Nasenloch unterteilt. Die untere Hälfte (**wahres Nasenloch**) führt in die Nasenhöhle, die obere Hälfte (**falsches Nasenloch**) stellt einen blind endenden Hautsack dar, die so genannte **Nasentrompete**. Die Haut des Naseneinganges ist fein behaart, ebenso die Oberlippe. Außerdem finden sich um die Nüstern und an der Oberlippe **Tasthaare**. Der **Tränennasengang** mündet mit linsengroßer Öffnung im wahren Nasenloch am Übergang der dunkelgefärbten Haut in die Schleimhaut. Die Nasenlöcher regulieren den Luftzustrom. Dazu darf die Ausdehnung der Nasentrompete nicht behindert werden. Die Nasenmuskeln dienen im Zusammenwirken mit den Lippenmuskeln der Erweiterung der Nasenlöcher.

2. **Schnitt durch den Kopf**
   Die Luft gelangt durch die beiden wahren Nasenlöcher in die paarigen **Nasenhöhlen**, die durch eine Scheidewand voneinander getrennt sind. Das Innere jeder Nasenhöhle wird durch **zwei Nasenmuscheln** in **drei Gänge** unterteilt:
   1. oberer Nasengang (Riechgang),
   2. mittlerer Nasengang (Sinusgang) und
   3. unterer Nasengang (Atmungsgang).
   Der **obere Nasengang** führt die Luft in die Zwischenräume des Siebbeines.
   Der **mittlere Nasengang** (Sinusgang, Sinus = Bucht) hat Verbindung zu den **Nasennebenhöhlen**. Die Nasennebenhöhlen sind schleimhautausgekleidete, luftgefüllte Höhlen mit mehrfacher Funktion. Zu den Nasennebenhöhlen gehören Kieferhöhle, Stirnhöhle, Gaumenhöhle, Keilbeinhöhle und Tränenbeinhöhle.
   Der **untere Nasengang** (Atmungsgang) ist besonders geräumig und führt die Luft in den Rachen, in dem alle drei Gänge wieder Verbindung aufnehmen.
   Die **Riechschleimhaut**, das Empfangsorgan des Geruchsinnes überzieht die Oberfläche des Siebbeins und der Nasenmuschel.
   Im Nasenboden befindet sich ein mit Schleimhaut ausgekleideter blind endender Kanal, der als Witterungsorgan dient.

3. **Lage der beiden Luftsäcke**
   Die Rachenhöhle hat durch die Ohrtrompete Verbindung mit der Paukenhöhle des Ohres. Beim Pferd ist die beidseitig ausgebildete Ohrtrompete zu den beiden Luftsäcken ausgebuchtet. Die beiderseits ausgebildeten Luftsäcke liegen zwischen Schädelbasis und erstem Halswirbel. Zwischen beiden Luftsäcken verlaufen die Kopfbeuger. Die Zungenbeinäste unterteilen die Luftsäcke in eine äußere und innere Abteilung.

4. **Der Kehlkopf**
   Der Kehlkopf ist von Schleimhaut ausgekleidet. Er setzt sich aus mehreren Knorpeln zusammen, die durch Bänder und Muskeln miteinander verbunden sind. Diese Muskeln dienen der Bewegung des Kehlkopfes bei der Atmung, sowie der Stimmerzeugung, der reflektorischen Stimmritzenverengung bei bestimmten Reizen und unterstützen den Schluckakt. Die knorpeligen Anteile des Kehlkopfes können im Alter teilweise verknöchern. Der Hauptteil der Kehlkopfmuskeln wird von einem bestimmten Nerven versorgt. Dabei nimmt der linksseitige Nerv einen besonderen Weg. Er schlägt sich um den Aortenbogen und läuft dann an der Luftröhre entlang zum Kehlkopf. Der größte Teil des Kehlkopfes, einschließlich der seitlichen Kehlkopftaschen ist ebenso wie die Luftröhre und die großen Bronchien mit einer besonderen Schleimhaut ausgekleidet (Flimmerbelag). In der Umgebung des Kehlkopfes und in der Kehlkopfschleimhaut mit Ausnahme der näheren Umgebung der Stimmfalten befinden sich zahlreiche Drüsen mit lymphknotenähnlicher Funktion. Sie sind bei älteren Tieren meist stärker entwickelt. Durch Druck auf den Kehlkopf und die oberen Luftröhrenringe lässt sich ein Hustenreflex auslösen.

5. **Kreuzung des Atem- und Bissenweges**
   Normalerweise ist der Atemweg geöffnet und der Speiseweg geschlossen. Beim Ein- und Ausatmen legt sich das Gaumensegel in solcher Weise an den geöffneten Kehldeckel dass der Luftstrom die Maulhöhle in der Regel nicht passiert. Beim Schluckvorgang wird das Gaumensegel gehoben und der Kehldeckel verschließt den Kehlkopf. Der Bissen gleitet jetzt aus der Mund höhle in die Speiseröhre. Die Ein- und Ausatmung kann nur durch die Nasenhöhle erfolgen.

6. **Querschnitt der Luftröhre**
   Die Luftröhre besteht aus einzelnen Knorpelringen (48–60), die durch Bindegewebe zusammengehalten werden. Sie bilden einen Schlauch, der vom Kehlkopf bis zur Aufgabelung in die beiden Hauptbronchien reicht. Im Querschnitt ist die Luftröhre queroval. Die nicht geschlossenen Enden der Knorpelringe überlagern sich. Sie werden durch Bindegewebe und einen Muskel beweglich verbunden. Die **Schleimhaut** trägt die für die Atmungswege im Kehlkopf, in der Luftröhre und in den Bronchien charakteristischen **Flimmerhärchen**, deren Schlag zum Kehlkopf hin gerichtet ist. Diese Schleimhaut dient insbesondere der **Reinigung der Luft** von Schwebeteilchen. Durch den Flimmerstrom können feinste Fremdkörper aus der Nase oder der Luftröhre herausbefördert werden. Die Schleimhaut dient ferner der **Befeuchtung der Luft** durch das Sekret zahlreicher Drüsen. Ferner wird die Luft durch die Schleimhaut **erwärmt**.
   Schädliche Beimengungen der Luft bewirken reflektorisch den Verschluss des Atmungsweges im Kehlkopfbereich. Zu den **Atemschutzreflexen** gehören das Prusten, Niesen und Husten. Prusten und Niesen dienen zur Entfernung von Fremdkörpern oder Sekret von der Schleimhaut des Nasenraumes. Der Hustenreflex wird durch Fremdkörper oder Schleim auf der Schleimhaut des Kehlkopfes und der Luftröhre bis zu ihren feinsten Verzweigungen ausgelöst.

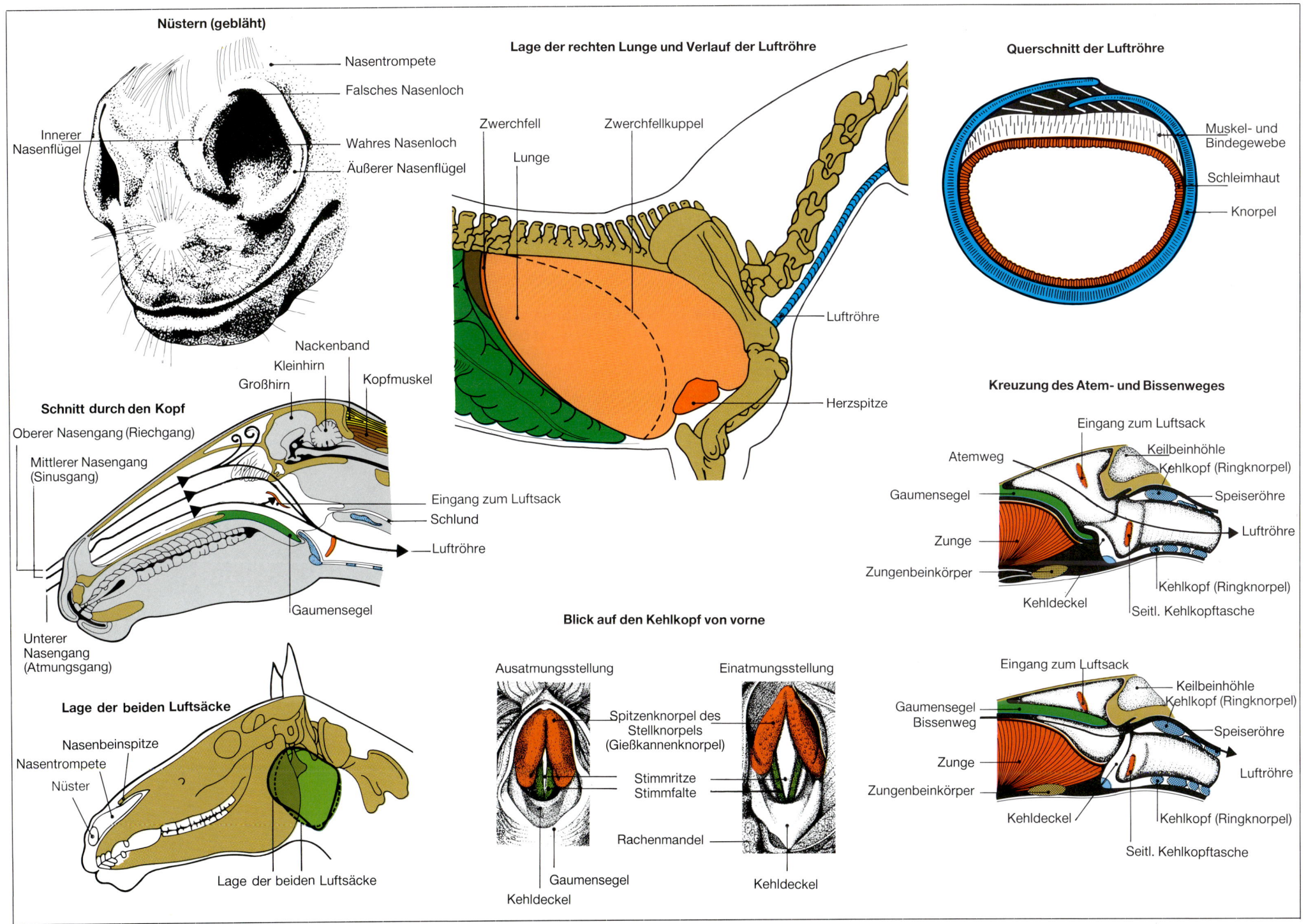

7. **Lage der rechten Lunge und Verlauf der Luftröhre**
Die Lungen sind paarige, in der Brusthöhle gelegene Organe. Man unterscheidet eine rechte und eine linke Lunge. Beide Lungen stehen nur über die Gabelung der Luftröhre miteinander in Verbindung. Durch die unsymmetrische Lage des Herzens ist die rechte Lunge immer größer und schwerer als die linke (4:3). Die **Einatmung** erfolgt durch Kontraktion bestimmter Brustwandmuskeln und des Zwerchfells, die eine Erweiterung der Brusthöhle zur Folge hat. Da die Lunge ein leicht dehnbares Gebilde darstellt, das durch einen Unterdruck zwischen Lungen- und Brustfell an der Brustwand haftet, wird sie durch den in ihrem Innern herrschenden Luftdruck aufgebläht. Im Gegensatz zur Einatmung verläuft die Verkleinerung des Brustkorbes bei der **Ausatmung** fast rein passiv, infolge Erschlaffung der Einatmungsmuskulatur und der Kontraktion der elastischen Fasern im Lungengewebe. Nur bei verstärkter Atmung werden die Ausatmungsmuskeln in der Brustwand in Aktion gesetzt. Bei erschwerter Atmung kann zusätzlich noch die so genannte Bauchpresse einsetzen. Durch atemsynchrone Anspannung der Bauchmuskulatur wird der Druck in der Bauchhöhle erhöht und dadurch das Zwerchfell stärker in die Brusthöhle vorgewölbt. Durch den Druck des Zwerchfells wird die Luft aus den Lungen ausgepresst. Die Steuerung der Atmung erfolgt über ein Atemzentrum, das im Übergang vom Rückenmark zum Gehirn liegt.

8. **Lungenlappung und Bronchialbaum**
Hinter dem Brusteingang gabelt sich die Luftröhre für die rechte und die linke Lunge in einen kurzen, aber sehr kräftigen Hauptbronchus. Danach erfolgt eine weitere Aufzweigung für die weiteren Lappen der Lunge. Aus diesen Hauptaufzweigungen für die Lappen gehen dann zahlreiche immer weiter reichende, feine Verzweigungen der luftleitenden Äste des Bronchialbaumes ab.
Das luftleitende System des Bronchialbaumes endet in den Lungenbläschen, in denen der Gaswechsel stattfindet. Die **Bronchien dienen der Luftleitung, die Lungenbläschen (Alveolen) dienen dem Gaswechsel.** Die Innenauskleidung der Bronchien besteht, wie in der Luftröhre und im Kehlkopf, aus einer Schleimhaut, die mit Flimmerhärchen besetzt ist und deren Funktion die Reinhaltung der Luftwege ist. Der Flimmerbelag ist in fortwährender, kopfwärts gerichteter Bewegung. Er schafft alle Fremdstoffe, die mit der Atemluft in die Bronchien gelangt sind, in die oberen Atemwege, wo sie ausgehustet oder abgeschluckt werden.
Die luftleitenden Wege enden in den **Lungenbläschen (Alveolen)**. Sie besitzen nur dünne Scheidewände, in denen ein dichtes **Netz von Haargefäßen** verläuft. Das aus dem rechten Herz kommende sauerstoffarme und kohlen-dioxydreiche Blut bekommt hier fast direkten Kontakt mit der Luft in den Lungenbläschen. Dabei erfolgt der Austausch von Sauerstoff und Kohlendioxyd des Blutes mit der Atemluft.
Zwischen der Atmung und dem Kreislauf besteht eine enge Verknüpfung, da Veränderungen des Sauerstoff- und Kohlendioxydgehaltes im Blut regulierend auf das Atem- und Kreislaufzentrum wirken. Zwischen den Wänden der Lungenbläschen und den Haargefäßen zieht ein dichtes **Geflecht elastischer Fasern**. Wird durch die Einatmung die Lunge gedehnt, so werden diese Fasern gespannt. Erschlaffen die Atemmuskeln, so ziehen die Fasern die Lungenbläschen wieder zusammen. Sie unterstützen damit die Ausatmung.

9. **Linke Lunge**
Das **Gewicht** beider Lungen beträgt etwa 1–1,5% des gesamten Körpergewichtes. Beim erwachsenen Pferd beträgt die **Atemfrequenz** in der Ruhe 8–16 Atemzüge pro Minute (12 Mittelwert). Sie kann nach starker Bewegung auf 80 bis 100 Atemzüge pro Minute ansteigen. Das durchschnittliche **Atemzugvolumen** beträgt in der Ruhe 6 l. Das ergibt ein durchschnittliches **Atemminutenvolumen** von 63 l. Bei Bewegung kann das Atemminutenvolumen auf 300 l ansteigen. Die Gesamtkapazität der Lunge beträgt beim Pferd 40–42 l (beim Menschen 5–6 l). Zwischen einer maximalen Ein- und Ausatmung kann die gewechselte Luftmenge 30 l betragen. Auch nach maximaler Ausatmung bleibt eine Restluftmenge von 10–12 l in der Lunge. Durch Beklopfen des Brustkorbes kann man am typischen Schall der luftgefüllten Lunge die **Lungengrenzen** erkennen. Beim direkten Abhören des Brustkorbes ist bei der **Einatmung ein** feines schlürfendes **Geräusch** zu hören. Es entsteht durch das Einströmen der Luft in den Bereich der Lungenbläschen. Bei einer Verengung der luftzuführenden Wege bzw. bei erheblicher krankhafter Erweiterung der Lungenbläschen wird eine Verstärkung und Verschärfung des Atemgeräusches hörbar. Es verschwindet bei völligem Darniederliegen der Luftströmung in den betreffenden Abschnitten der Lunge. (Flüssigkeitsansammlungen, Verwachsungen, Verhärtungen, Geschwülste). In den Bronchien und in der Luftröhre entsteht ebenfalls ein Strömungsgeräusch. Bei krankhaften Veränderungen innerhalb des Brustkorbes können Rassel-, Reibe- und Knistergeräusche entstehen.

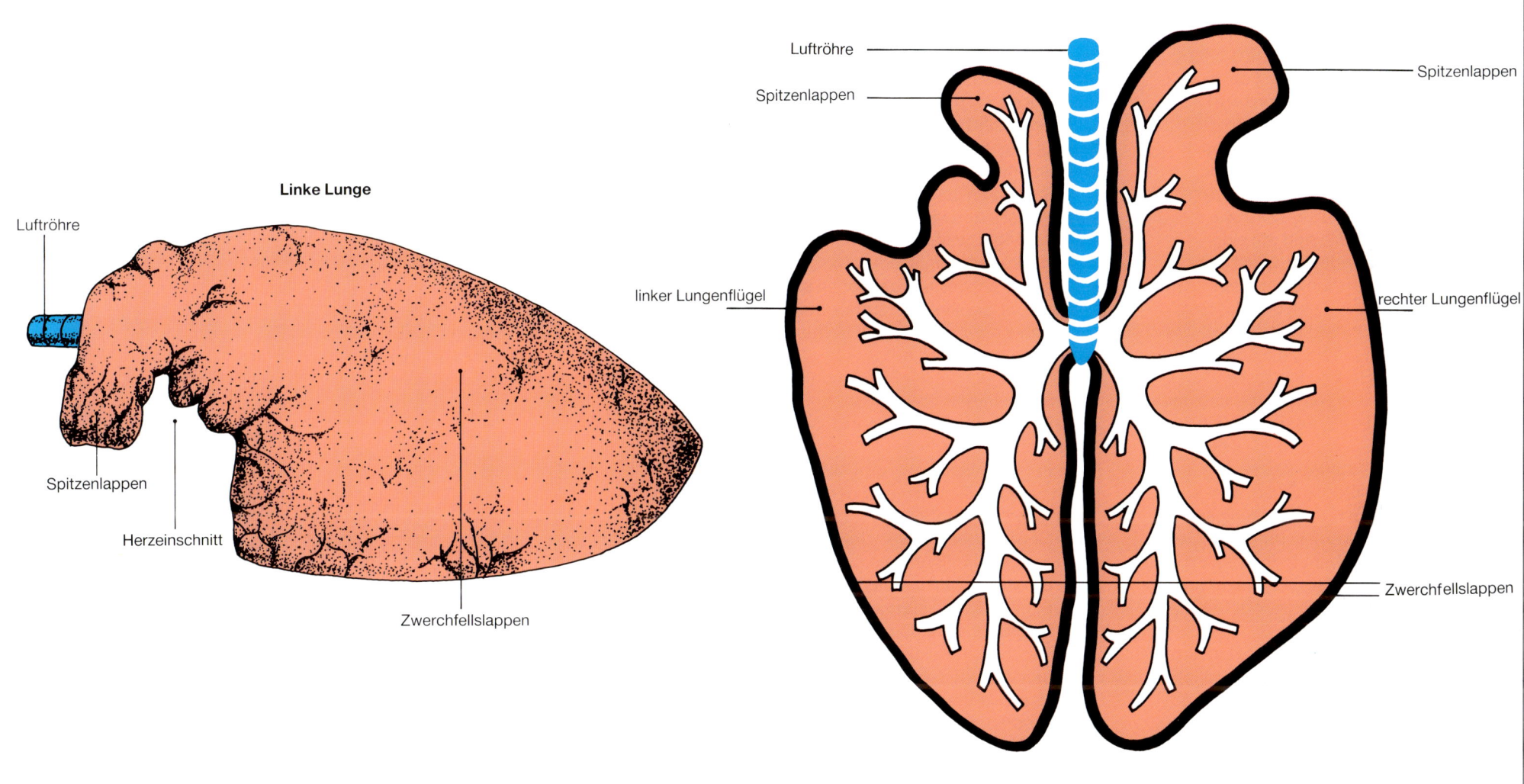

Die Eingeweide

Unter Eingeweiden versteht man alle in den Körperhöhlen liegenden Organe. Durch die Ausbildung des **Zwerchfelles** wird die ursprünglich einheitliche Leibeshöhle in eine kleinere **Brusthöhle** und eine größere, in offener Verbindung stehende **Bauch- und Beckenhöhle** unterteilt. Der Brustkorb ist mit der Brusthöhle nicht identisch. Das Zwerchfell wölbt sich kuppelförmig in den Brustkorb hinein vor. Dementsprechend ragt die Bauchhöhle kuppelförmig in den Brustkorb hinein. Die Brusthöhle sowie die Bauch- und Beckenhöhle sind mit einer glatten Haut ausgekleidet (**Brustfell** und **Bauchfell**). In der Brusthöhle befinden sich die paarigen Lungen (s. Tafel) und das Herz (s. Tafel), in der Bauch- und Beckenhöhle der Magen-Darm-Kanal (s. Tafel), die Anhangdrüsen des Darmes (Leber, Bauchspeicheldrüse), die Milz, die Harnorgane (s. Tafel) und der Teile der Geschlechtsorgane (s. Tafel). Der **Blinddarm** füllt den rechten Teil der Bauchhöhle fast vollständig aus, er liegt der rechten Bauchhälfte direkt an, während der **Grimmdarm** hufeisenförmig am Boden der Bauchhöhle ausgebreitet ist. Der Magen-Darm-Trakt ist nicht freibeweglich in der Bauchhöhle, sondern von einem unterschiedlich langen Band an der Unterseite der Wirbelsäule befestigt.

Diese Befestigung wird als **Gekröse** bezeichnet. Dadurch sind Verlagerungen einzelner Darmanteile bis zu einem bestimmten Ausmaß möglich. Der Grimmdarm besitzt nur ein Gekröse, das die beiden Teile der großen Schleife miteinander verbindet. Sonst ist der Grimmdarm nicht befestigt und kann sich unter Umständen nicht nur verlagern, sondern auch verdrehen und abschnüren, so dass lebensbedrohliche Zustände entstehen können.

Die Drüsen des Darmes

1. **Die Leber**

   Die Leber ist die größte Drüse des Körpers. Sie liegt im Allgemeinen am Zwerchfell, hat eine braunrote Farbe und ist mehrfach gelappt. Ihr Gewicht beträgt etwa 5 kg. Die Leber erzeugt die Galle. Beim Pferd fehlt aber eine Gallenblase. Die der Fettverdauung dienende Galle wird durch die Gallengänge in den Zwölffingerdarm geleitet. Die Absonderung der Galle geschieht ununterbrochen. Ihre tägliche Menge beträgt bis zu 6 kg. Die Leber erfüllt jedoch noch weitere, sehr zahlreiche Funktionen im Stoffwechsel. Sie wird als Zentrallaboratorium des Körpers bezeichnet. Weitere Funktionen der Leber sind
   1. die Beteiligung an der Regulation des Kohlenhydratsstoffwechsels,
   2. die Beteiligung an der Regulation des Fettstoffwechsels,
   3. die Beteiligung am Auf- und Abbau von Eiweißstoffen sowie an der Bildung von Harnstoffen,
   4. Die Depotbildung an verschiedenen Vitaminen- und Spurenelementen,
   5. die Beteiligung an der Regulation des Hormonstoffwechsels und
   6. die Entgiftungsfunktion für bestimmte Stoffwechselprodukte.

   Wie kein anderes Organ verfügt die Leber über eine beträchtliche Reservekapazität und über ein erhebliches Regenerationsvermögen.

2. **Die Bauchspeicheldrüse**

   Die Bauchspeicheldrüse liegt im Gekröse des Zwölffingerdarmes. Sie produziert etwa 6 l Drüsenflüssigkeit täglich, die in den Dünndarm abgegeben wird. Die Tätigkeit der Bauchspeicheldrüse setzt reflektorisch bei der Futteraufnahme ein.

Die Milz

Die Milz gehört funktionell zum Gefäßsystem und nicht zu den Verdauungsorganen. Sie hat beim Pferd die Form eines kurzen Sensenblattes. Sie liegt an der linken Seite im Brustkorbteil der Bauchhöhle. Ihre besonderen **Funktionen** sind

1. Speicherung des Blutes in konzentrierter Form, um dieses im Bedarfsfall wieder an den Kreislauf zurückzugeben,
2. der Abbau von roten Blutkörperchen mit gleichzeitiger Ablagerung von Eisen (Eisenspeicher) und
3. Abwehr und Beseitigung von Krankheitserregern.

Sie stellt eine bedeutsame Schutzeinrichtung des Körpers dar. Sie ist somit nicht nur ein wichtiges Organ des Kreislaufes, sondern gehört auch zum Abwehrsystem des Organismus.

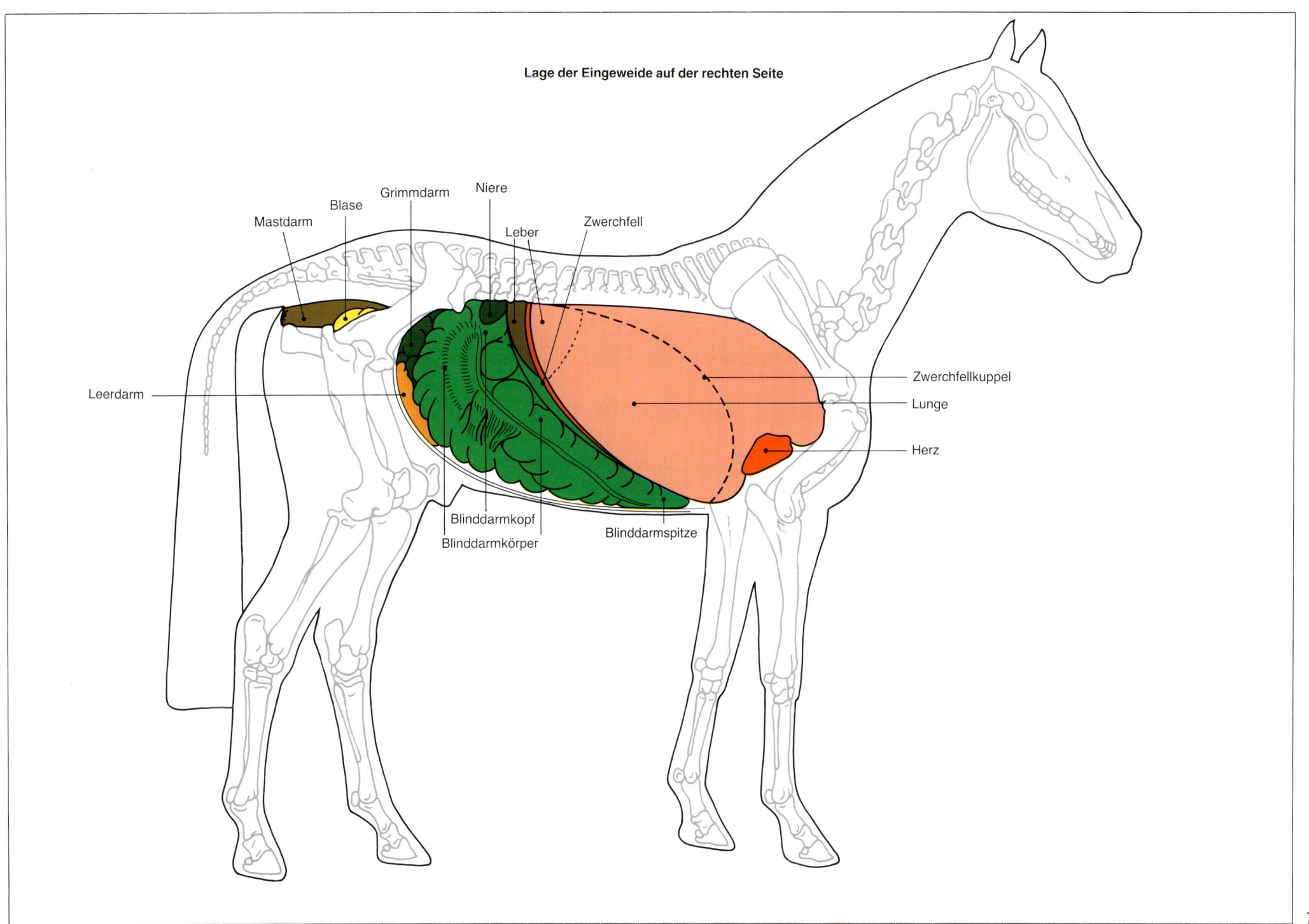

Der Magen-Darm-Kanal

Die Nahrung gelangt über Maulhöhle und Rachen in die **Speiseröhre**. Die Speiseröhre ist ein muskulöser Schlauch, der der Luftröhre im unteren Drittel an der linken Seite anliegt. Das Abschlucken der Bissen kann in diesem Bereich beobachtet werden.

Am Übergang der Speiseröhre zum **Magen** befindet sich ein Schließmuskel, der die Nahrung nur portionsweise in den Magen lässt. Er verhindert die Möglichkeit des Erbrechens beim Pferd. Der Magen liegt direkt hinter dem Zwerchfell.

Mit 12–14 l Fassungsvermögen ist der Magen im Verhältnis zu den anderen Darmabschnitten sehr klein, wenn man bedenkt, dass das Gesamtfassungsvermögen des Darmkanals etwa 200 l beträgt.

Als Pflanzenfresser muss das Pferd auf ein derartig großes Volumen eingestellt sein. Beim Pferd ist der Magen ein einheitlicher Sack, der nur zum Teil Drüsenschleimhaut trägt. Am Übergang des Magens zum Dünndarm (Zwölffingerdarm) besteht nochmals eine Verschlussvorrichtung (Pförtner). Der Mageninhalt wird nur schubweise in den Darm weiterbefördert. Der sich an den Magen anschließende Darmkanal gliedert sich in den **Dünndarm**, bestehend aus dem **Zwölffingerdarm** (durchschnittliche Länge etwa 1 m), dem **Leerdarm** (etwa 25 m) sowie dem **Hüftdarm** (etwa 0,7 m) und in den **Dickdarm**, bestehend aus dem **Blinddarm**, dem **Grimmdarm** und dem **Mastdarm**.

Der Blinddarm nimmt einen beträchtlichen Teil der rechten Bauhälfte in Anspruch. Der Hauptort der Verdauung ist der Dünndarm. Er ist auch zugleich der Hauptort der Aufnahme der freigelegten Stoffe bei der Verdauung, die von der Darmwand aufgesogen werden. Im Dünndarm wirken drei Sekrete auf die Nahrung ein:
1. Der Darmsaft, das Sekret der Darmschleimhaut,
2. das Sekret der Bauchspeicheldrüse und
3. die Galle, die in der Leber gebildet wird.

Die Fortbewegung des dünnflüssigen Darminhaltes besorgt die Darmmuskulatur durch wellenförmig fortschreitende Einschnürungen des Darmkanales, die drei- bis sechsmal in der Minute über den Darm hinweggehen. Die stark erweiterten Dickdärme sind Gärkammern, in denen der Abbau der Zellulose durch Bakterien erfolgt. Gleichzeitig findet ein bakterieller Aufbau von Vitamin B und K statt. Der Dickdarm macht ähnliche Bewegungen wie der Dünndarm. Die tägliche Kotmenge beträgt je nach Fütterung 15–23 kg mit einem Wassergehalt von 75% bei 5–12-maligem Kotabsatz. Durchgangszeit der Nahrung durch den Verdauungskanal beginnt mit der Ausscheidung nach 20 Stunden und endet erst nach 4–5 Tagen. Der flüssige Dünndarminhalt wird durch Wasserentzug in den hinteren Abschnitten des Dickdarmes eingedickt.

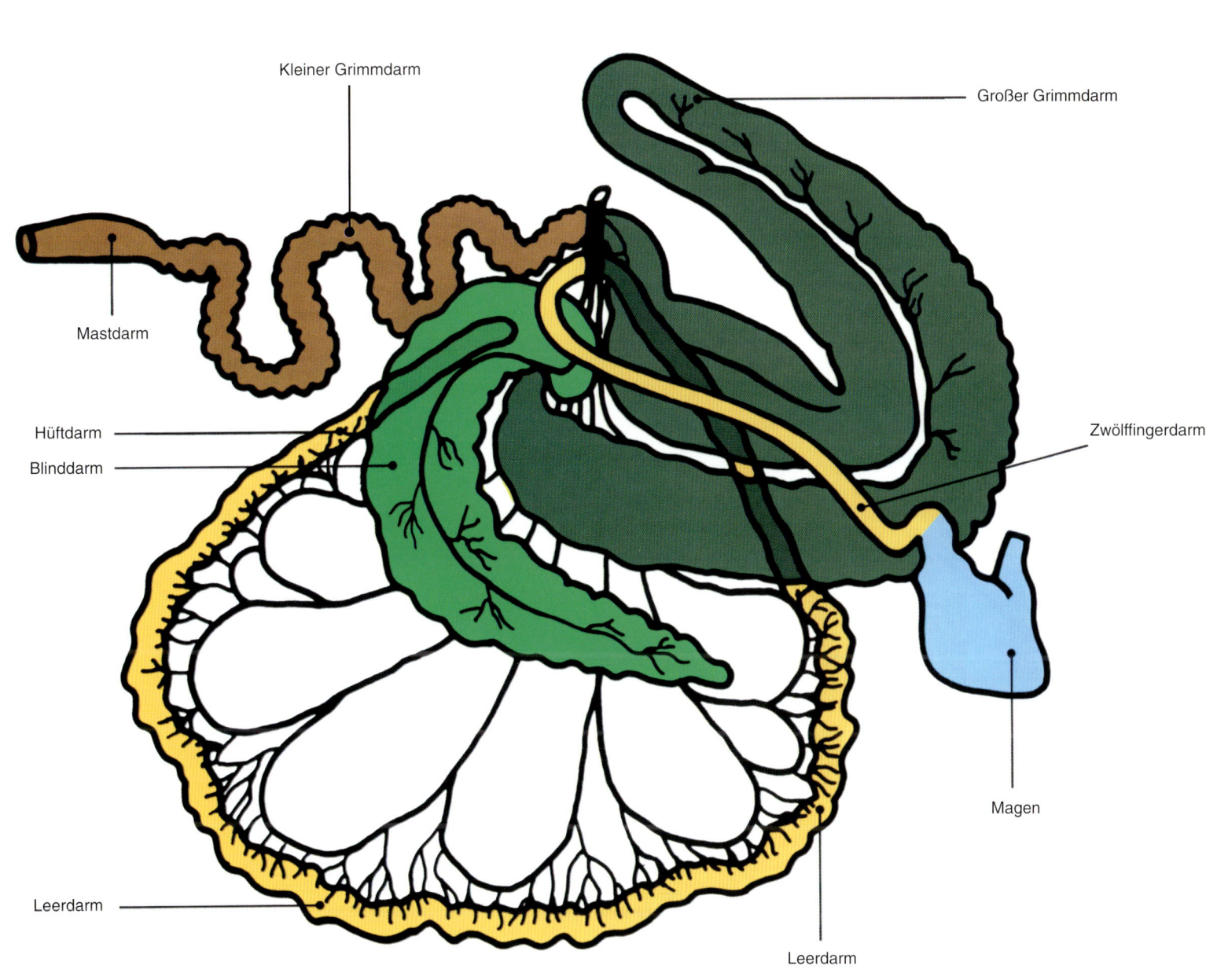

Die Harn- und Geschlechtsorgane

Die Harn- und Geschlechtsorgane gehören aufgrund ihrer Entwicklung demselben anatomischen System an. Die Harnorgane dienen der Ausscheidung der harnpflichtigen Stoffe und der Regulation des Wasserhaushaltes. Täglich fließen bei einem Pferd 3.000 bis 10.000 l Blut durch die Nierengefäße, wobei 3–10 l Harn pro Tag entstehen. Die Wasseraufnahme des Pferdes ist abhängig von den klimatischen Verhältnissen, der Nahrung, der Milchleistung, der Bewegung und den Gewohnheiten. Die Wasserausscheidung erfolgt nicht allein über die Nieren, sondern auch über die Haut, den Darm und eventuell über das Euter.

Die linke und die rechte **Niere** unterscheiden sich nach Form, Lage und Gewicht. Die rechte, herzförmige und schwerere Niere (bis 840 g) liegt unter der 15.–17. Rippe noch in der Brustkorbhöhle. Die linke, bohnenförmige, kleinere Niere liegt in Höhe des 1.–3. Lendenwirbels. Der in den Nieren ausgeschiedene Harn wird über das Nierenbecken und den Harnleiter in die Harnblase geleitet. In leerem Zustand befindet sich die elastische **Harnblase** in der Beckenhöhle. Bei extremer Füllung soll sie sogar die Nabelgegend erreichen können.

Der **Harn** der Einhufer ist in seiner Konsistenz schleimig bis gallertig (verursacht durch Schleimdrüsen im Nierenbecken und im Harnleiter). Die Farbe des frischen Harns schwankt zwischen hellgelb und hellbraun. An der Luft dunkelt der Harn nach einiger Zeit nach. Die größte Bedeutung für die Menge abgeschiedenen Harns hat verständlicherweise die Wasseraufnahme. Entsprechend der Wasseraufnahme – man rechnet mit 4–8 l Wasser je 100 kg Körpergewicht pro Tag und bis zu 20 l je 100 kg Körpergewicht bei Stuten mit Fohlen – beträgt die Harnabscheidung pro Tag 3–10 l. Die Harnentleerung erfolgt 5–7-mal pro Tag.

Zu den **Geschlechtsorganen des Hengstes** gehören die beiden Hoden, die Nebenhoden, die Nebengeschlechtsdrüsen und der Penis. In den Hoden erfolgt die Produktion der männlichen Samenzellen (Spermien). In den dazugehörigen Nebenhoden werden die Spermien gelagert. Über den Samenleiter gelangen die Spermien beim Samenerguss (Ejakulation) in die Harnröhre. Aus den Nebengeschlechtsdrüsen wird eine Samenflüssigkeit beigemengt (Samen, Ejakulat). Das durchschnittliche Volumen eines Ejakulates beträgt 50–70 ml und enthält etwa 7 Milliarden Spermien (100 Millionen/ml). Über den Gebärmuttermund gelangen bei der Bedeckung die beweglichen Samenfäden in die Gebärmutter. Sie sind hundertmal kleiner als die Eizelle. Der Samen bleibt etwa 2 Tage in der Gebärmutter und im Eileiter befruchtungsfähig.

Die **Fortpflanzungsorgane der Stute** bestehen aus zwei Eierstöcken, der Gebärmutter und der Scheide. In den Eierstöcken entwickeln sich in flüssigkeitsgefüllten Blasen befruchtungsfähige Eier. Wenn die Blase etwa einen Durchmesser von 4–5 cm erreicht hat, platzt sie (Follikelsprung, Eisprung). Das befruchtungsfähige Ei gelangt in den Eileiter. An der Stelle der geplatzten Blase bildet sich ein Blutgerinnsel, aus dem durch Einwachsen spezialisierter Zellen der sog. Gelbkörper entsteht.

Wenn das Ei nicht befruchtet wird, stirbt es nach 24 Stunden ab. Der Eisprung erfolgt am Ende der 5–7 Tage dauernden **Rosse**. Der Gelbkörper produziert ein Hormon, das die Gebärmutter für eine eventuelle Aufnahme eines befruchteten Eies vorbereitet. Nach ungefähr 14–21 Tagen bildet er sich wieder zurück. Eine neue Rosse beginnt, in der wieder eine Eiblase bis zum Sprung heranwächst. Wird die etwa sandkorngroße Eizelle durch eine Samenzelle befruchtet, nistet sich die befruchtete Eizelle in die Gebärmutterwand ein. Ein schnelles Zellwachstum und eine Differenzierung bestimmter Zellen setzen ein. Bereits am 20. Tag nach der Befruchtung ist das Fohlen in Kleinformat ausgebildet.

Als mittlere **Dauer der Trächtigkeit** kann man 336–340 Tage annehmen.

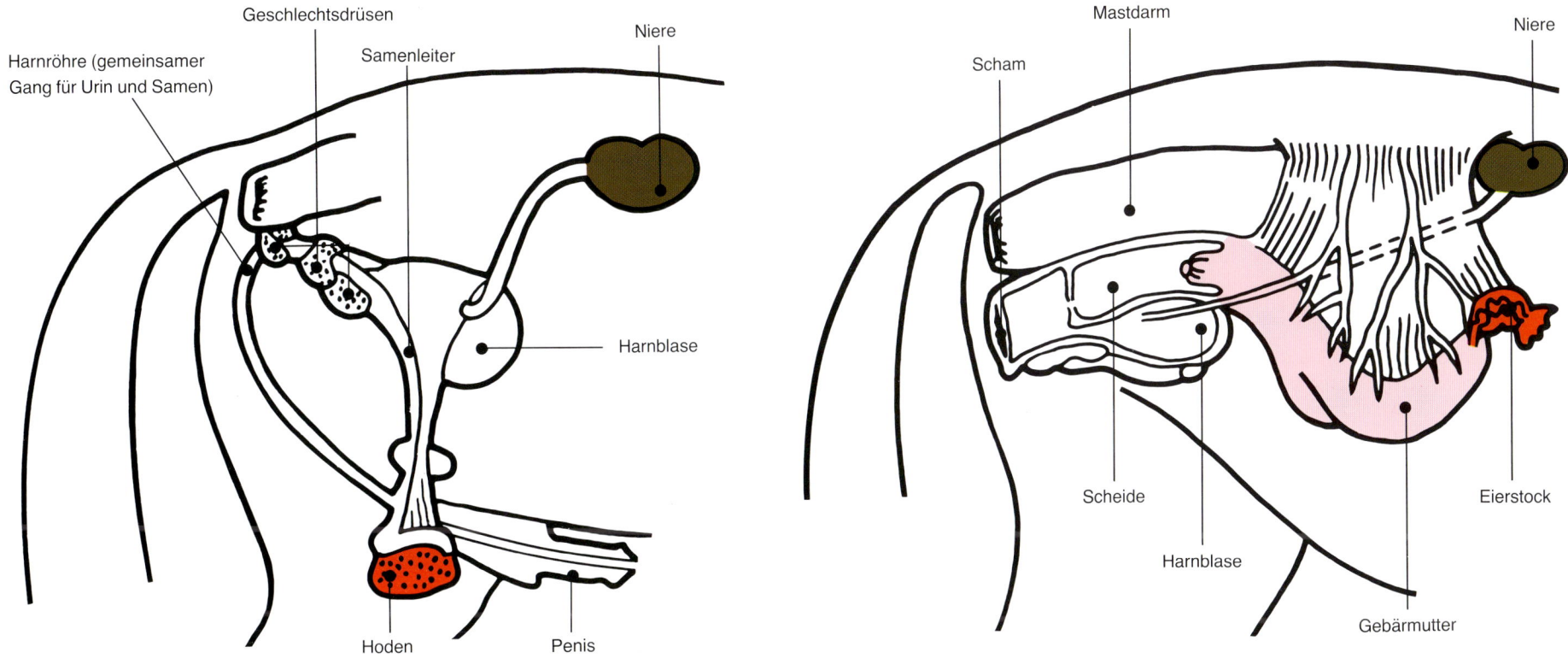

Kopfskelett und Gebiss eines ausgewachsenen Pferdes

Das **Pflanzenfressergebiss** des Pferdes besteht aus je **6 Schneidezähnen** und je **12 Backenzähnen** im Ober- und Unterkiefer. Zwischen den Schneide- und Backenzähnen der rechten und linken Seite befindet sich eine etwa handbreite Lücke. Bei Hengsten und Wallachen, selten bei Stuten, bildet sich in diesem zahnfreien Rand zwischen Schneide- und Backenzähnen je ein **Hakenzahn** aus (s. Tafel S. 81).

Die Schneidezähne heißen der Reihe nach von innen nach außen paarweise **Zangen-, Mittel- und Eckschneidezähne**. Die Milchbackenzähne sind in der Tafel als P2, P3 und P4 gekennzeichnet, die bleibenden Backenzähne als M1, M2 und M3.

Die ersten Zähne, die das Fohlen mit auf die Welt bringt oder innerhalb der ersten sechs Wochen erhält, werden als **Milchzähne** bezeichnet, das sind alle Schneidezähne und die jeweils ersten drei Backenzähne. Die Milchzähne fallen nach einer bestimmten Zeit aus und werden durch bleibende Zähne ersetzt oder durch neu wachsende bleibende Zähne ergänzt, die nicht im Milchgebiss vorhanden sind. Dies sind die hinteren drei Backenzähne, die von vornherein als **Dauerzähne** angelegt werden. Das Ausfallen der Milchzähne ist die Folge des Schubes der nachfolgenden Dauerzähne.

Die **Backenzähne**, insbesondere die des Oberkiefers sind mit einer breiten Reibefläche versehen. Diese Fläche besitzt eine Schrägstellung und eine leicht gewellte Kaufläche. Der Unterkiefer ist schmaler als der entsprechende Oberkiefer. Deshalb kaut das Pferd immer nur auf jeweils einer Seite. Infolge der Schrägstellung der Reibeflächen kommt es zur Zahnspitzenbildung an den Unterkieferbackenzähnen (an der Zungenseite) und an den Oberkieferbackenzähnen (an der Backenseite). Mit seitlichen Kieferschlägen wird das Futter zermahlen. In Folge der flachen **Gelenkwalze und -grube des Kiefergelenkes** mit einer dazwischenliegenden **Faserknorpelscheibe** (**Meniskus**) sind beim Kauen starke Seitwärtsbewegungen möglich. Die Kaubewegungen erfolgen hauptsächlich durch den äußeren Kaumuskel, der auf der einen Seite am Jochbogen und an der Gesichtsleiste und auf der anderen Seite an der Außenfläche des Unterkieferastes ansetzt. Der hintere äußere Teil des Unterkieferrandes wird als **Ganasche** bezeichnet.

Mit seitlichen **Kieferschlägen** wird das Futter zermahlen. Für jeden Bissen braucht das Pferd 30–60 Kieferschläge. In der Minute können 70–80 Kieferschläge ausgeführt werden. Der Kauvorgang dient der mechanischen Zerkleinerung der Futterbestandteile und ihrer Durchmischung mit Speichel. Auf diese Weise wird das Futter in einen abschlingbaren Zustand gebracht. In einer Stunde produzieren die Speicheldrüsen durchschnittlich 8,8 kg Speichel und insgesamt 40 kg pro Tag. Im Rachenraum kreuzen sich der Bissenweg und der Atmungsweg (s. Tafel S. 69).

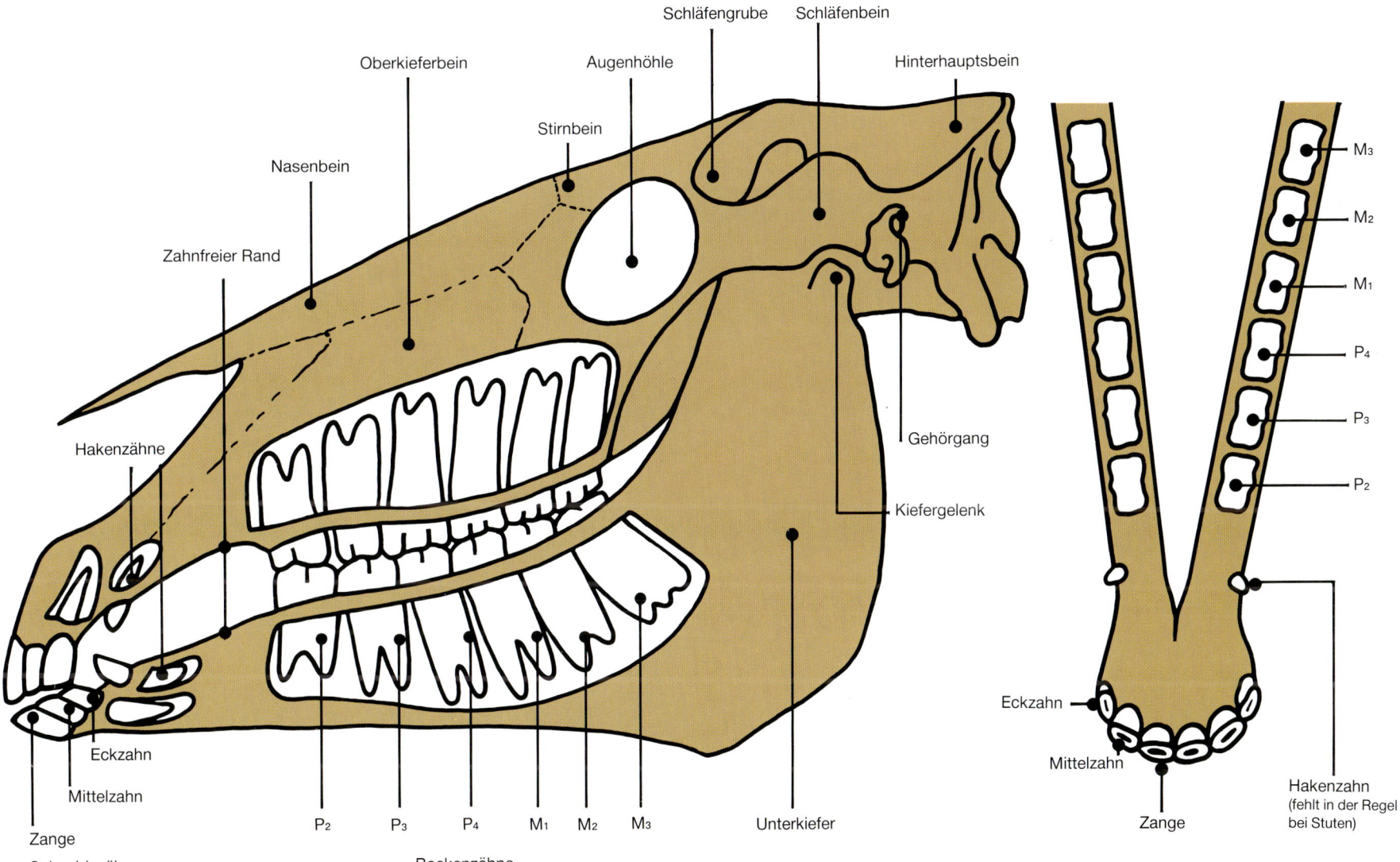

Die Zahnaltersbestimmung

1. **Durchbruch der Zähne**
   Die **Milchschneidezähne** (Fohlenzähne) im Ober- und Unterkiefer sind kleiner und weißer als die bleibenden Schneidezähne. Sie haben eine schaufelförmige Krone und einen deutlichen Zahnhals mit relativ kurzen Wurzeln. Insbesondere am deutlichen Zahnhals kann man die Schneidezähne junger Pferde von den Schneidezähnen älterer Pferde unterscheiden.
   Bei neugeborenen Fohlen sind die **Milchzangen** meist noch von Zahnfleisch bedeckt. Ihr Vorderrand ist jedoch deutlich fühlbar. Nach einigen Tagen erfolgt ihr Durchbruch.
   Die **Milchmittelzähne** brechen gewöhnlich in der 4.–6. Woche durch, Verzögerungen bis zur 8. Lebenswoche sind jedoch möglich und im Bereich des Normalen.
   Die **Milcheckschneidezähne** treten mit 5–9 Monaten durch das Zahnfleisch. Auch hierbei ist normalerweise eine große Schwankungsbreite zu beobachten. Aus didaktischen Gründen wird der Durchbruch der Milchschneidezähne in einer einfachen Formel zusammengefasst: **Zangen, Mittelzähne, Eckzähne – 6 Tage, 6 Wochen, 6 Monate**.
   Während der Durchbruch der Schneidezähne leicht zu kontrollieren ist, ist das Auftreten der bleibenden Backenzähne sehr schwer festzustellen, da sie hinter den 3 Milchbackenzähnen auftreten. Mit einem Jahr kommt der erste bleibende Zahn, mit 2 Jahren der zweite bleibende Zahn und mit vier Jahren bis 4½ Jahren der dritte bleibende Backenzahn und der Hakenzahn zum Durchbruch.

2. **Der Wechsel der Zähne**
   Mit **2½ Jahren** wechseln die Zangen und die ersten beiden Backenzähne (Milchbackenzähne). Der Wechsel beginnt in der Regel im Unterkiefer. Ein halbes Jahr später wechseln dann die entsprechenden Zähne im Oberkiefer.
   Mit **3½ Jahren** wechseln die Mittelzähne im Unterkiefer sowie der dritte Milchbackenzahn. Wieder entsprechend ein halbes Jahr später erfolgt im Allgemeinen der Wechsel dieser Zähne im Oberkiefer.
   Mit **4½ Jahren** wechseln die Eckschneidezähne. Zu dieser Zeit ist auch der Hakenzahn durchgebrochen. Bei einem 5 Jahre alten Pferd sind keine Milchschneidezähne mehr vorhanden. Um eine Verwechslung des vollständigen Fohlengebisses mit dem Gebiss eines 5-jährigen Pferdes zu vermeiden, müssen folgende Merkmale beachtet werden:
   1. Die Milchschneidezähne sind weiß und glänzend, die Dauerzähne dagegen gelb-braun.
   2. Der Milchzahn ist kleiner, besonders der Milcheckschneidezahn als die Dauerzähne.
   3. Die Lippefläche (außen) der Milchschneidezähne zeigt eine feine Rippung, die Dauerschneidezähne des Unterkiefers lassen zwei deutliche Längsfurchen erkennen.
   4. Der Milchschneidezahn hat einen deutlichen Hals, der Dauerzahn nicht.
   5. Die Milchschneidezähne stehen bei seitlicher Ansicht gerade, die Dauerzähne sind leicht gebogen.
   6. Die Kundentiefe bei den Milchschneidezähnen beträgt 3–4, an den Dauerzähnen 6–8 (Unterkiefer) bzw. 12–15 mm (Oberkiefer).
   7. Das Fohlengebiss hat höchstens 5 Backenzähne auf jeder Seite, das Dauergebiss immer 6 Backenzähne.
   8. Das Fohlengebiss hat keinen sichtbaren Hakenzahn, das Dauergebiss bei Hengst und Wallach jederseits einen Hakenzahn.

1. Durchbruch der Zähne

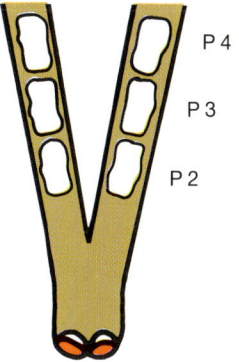

P 2 bis P 4
Bei der Geburt
bereits durchgebrochen
Durchbruch der Zangen
0 - 6 Tage

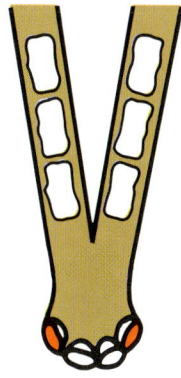

Durchbruch der Mittelzähne
6 Wochen

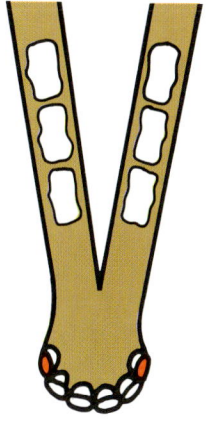

Durchbruch der Eckzähne
6 Monate

2. Der Wechsel der Zähne

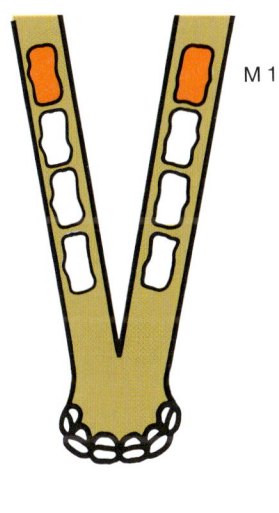

1 Jahr
Durchbruch des
ersten bleibenden
Backenzahnes (M 1)

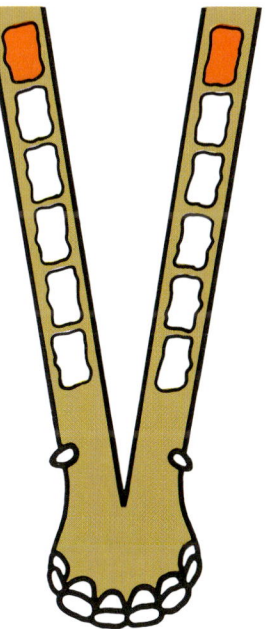

2 Jahre
Durchbruch des
zweiten bleibenden
Backenzahnes (M 2)

4½ Jahre
Durchbruch des
dritten bleibenden
Backenzahnes (M 3)

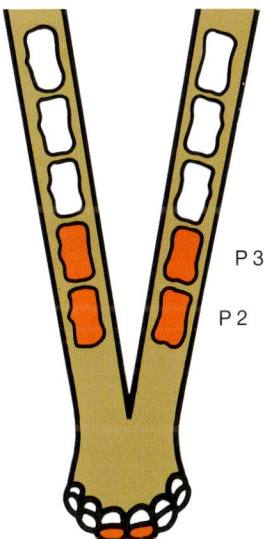

Wechsel der Zangen
Wechsel von P 2 und P 3
2½ Jahre

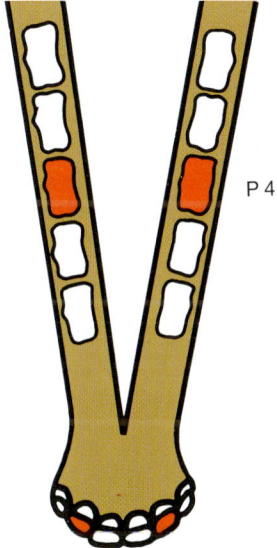

Wechsel der Mittelzähne
Wechsel von P 4
3½ Jahre

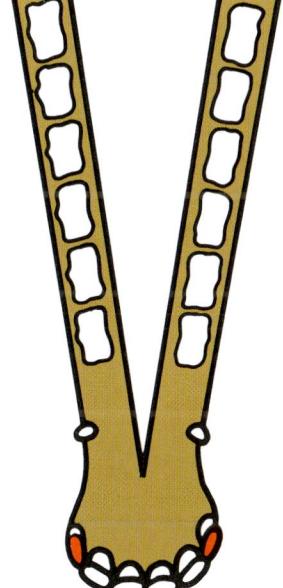

Wechsel der Eckzähne
4½ Jahre

3. u. 4. **Die Abnutzung der Schneidezähne**
(Kundenschwund)
Die Zähne sind die härtesten Gebilde des Körpers und bestehen aus drei verschiedenen Substanzen:
Zahnbein, **Schmelz** und **Zement**. Die Zähne stecken, vom **Zahnfleisch** umgeben, mit ihrer Wurzel in den knöchernen **Zahnfächern** der Kiefer. Die Abnutzung der Zähne ist die Folge der gegenseitigen Reibung ihrer Kauflächen beim Zerkleinern des Futters. Für die Altersbestimmung kann beim Pferd die Abnutzung der Schneidezähne herangezogen werden. Die Schneidezähne besitzen auf der Kaufläche eine Schmelzeinstülpung, die an den Oberkieferschneidezähnen 12 mm, an den Unterkieferschneidezähnen etwa 6 mm tief in den Zahnkörper eindringen. Dieser Schmelztrichter in der Mitte der Reibefläche wird als **Kunde** oder **Bohne** bezeichnet. Da der Abnutzungsverlust an den Schneidezähnen jährlich etwa 2 mm beträgt, ist die Kunde an den Oberkieferschneidezähnen nach 6 Jahren, an den Unterkieferschneidezähnen nach jeweils drei Jahren verschwunden. In eine noch nicht in Reibung befindliche Kunde passt genau ein Haferkorn. Nach dem Verschwinden der Kunden bleibt zunächst noch die **Kundenspur** sichtbar (7 Jahre). Bevor die Kunde vollständig abgerieben ist, tritt in der Mitte der Reibefläche die **Kernspur**, **Zahnsternchen** auf (11 Jahre). Der Kundenschwund in den Schneidezähnen ist ein wichtiges Merkmal der Altersbestimmung. Er ist nach einer einfachen Formel leicht zu merken. Der Kundenschwund beginnt in den **Zangen des Unterkiefers** mit **6 Jahren** und setzt sich im Unterkiefer in den **Mittelzähnen** (**7 Jahre**) und in den **Eckzähnen** (**8 Jahre**) fort. Dann beginnt der Schwund der Kunden im **Oberkiefer** (**Zangen 9 Jahre**, **Mittelzähne 10 Jahre**, **Eckzähne 11 Jahre**). Mit 12 Jahren sind alle Zähne kundenfrei. Jedoch sind erhebliche Schwankungen in Abhängigkeit von einer unterschiedlichen Kundentiefe (mehr oder weniger als 12 mm) im Oberkiefer möglich.

5. **Die Veränderung der Zahnrichtung, Streckung des Schneidezahngebisses**
Die Schneidezähne sind gebogen und gehen in eine mehr gestreckt verlaufende Wurzel über. Daher stehen Ober- und Unterkieferschneidezähne senkrecht aufeinander, bei älteren Pferden wird der Winkel in dem die Schneidezähne aufeinander beißen, immer spitzer, entsprechend dem gestreckten Verlauf der nachgeschobenen Wurzeln der Schneidezähne. Man unterscheidet zwischen dem **Zangengebiss** (**Kundengebiss**) **bis 8 Jahre**, bei dem die Zähne wie eine Zange sehr steil aufeinander stehen, dem **halben Zangengebiss** (**Kundenspurengebiss**) **bis 15 Jahre** und dem **Winkelgebiss** (**Kernspurengebiss**) **über 15 Jahre**.

3. Die Abnutzung der Schneidezähne (Kundenschwund)

Oberkiefer

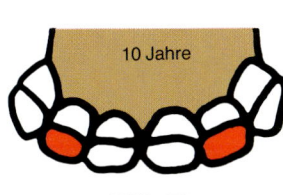

Unterkiefer

5. Die Veränderung der Zahnrichtung, Streckung des Schneidezahngebisses

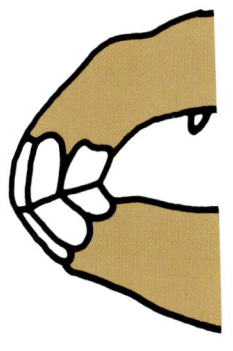

bis 8 Jahre
Zangengebiß
»Kundengebiß«

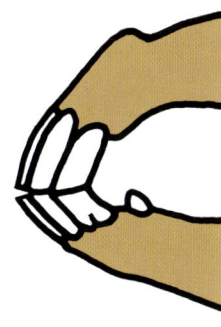

bis 15 Jahre
halbes Zangengebiß
»Kundenspurengebiß«

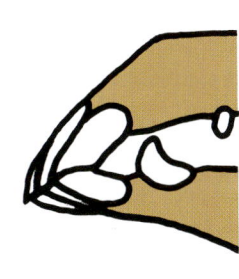

über 15 Jahre
Winkelgebiß
»Kernspurengebiß«

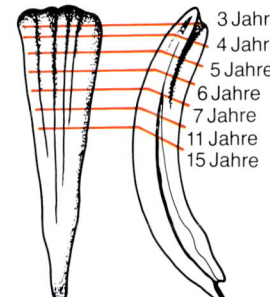

3 Jahre
4 Jahre
5 Jahre
6 Jahre
7 Jahre
11 Jahre
15 Jahre

4. Die Abnutzung der Schneidezähne an der Zange (von vorn, der Seite im Schnitt und oben gesehen)

    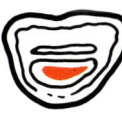  

3 Jahre   **4 Jahre**   **5 Jahre**   **6 Jahre**   **7 Jahre**   **11 Jahre**   **15 Jahre**

Kunde   Kundenschwund   Kundenspur   Kernspur
                                                               »Zahnsternchen«

6. **Der Einschliff und die Rinne an den Eckschneidezähnen des Oberkiefers**
Da die Streckung der Unterkieferschneidezähne durch Abnutzung früher beginnt als die der Oberkieferschneidezähne, steht die Kaufläche des Oberkiefereckschneidezahnes über die Kante des Unterkiefereckschneidezahnes vor und wird nicht abgerieben. Es entsteht im Oberkiefereckschneidezahn eine Kerbe, der so genannte **Einbiss** (**Einschliff**). Er tritt um das 9. Jahr auf. Später holt der Oberkiefer die Streckung nach, der Einbiss verschwindet. Durch Wiederholung der eben geschilderten Vorgänge um das 15. und 20. Lebensjahr können nochmals **Einschliffe** (**Einbisse**) auftreten.
An den Eckschneidezähnen des Oberkiefers tritt eine Rinne (Furche) auf, die sehr unregelmäßig und nur bei etwa 50% aller Pferde vorkommt. Mit etwa 10 Jahren tritt die Rinne am Zahnfleischrand in Erscheinung. Um das 15. Jahr erstreckt sie sich vom Zahnfleischrand bis in die Mitte des sichtbaren Teiles des Zahnes und reicht um das 20. Jahr in ganzer Länge über den Zahn. Um das 25. Jahr ist ihr wurzelseitiges Ende sichtbar geworden, so dass sie jetzt von der Mitte des Zahnes bis zum Kaurand reicht. Um das 30. Jahr ist sie verschwunden.

7. **Die Formveränderung der Reibeflächen der Schneidezähne**
Eine Altersschätzung nach diesem Merkmal lässt sich mit geringer Zuverlässigkeit nur an den Zähnen des Unterkiefers durchführen. Formveränderungen beginnen an den Zangen zuerst und schreiten dann um 1 Jahr versetzt an den Mittel- und Eckzähnen fort. Die anfangs breite Form (3–5 Jahre) wird im Alter von 6–11 Jahren quer oval. Sie geht dann im Alter von 12–17 Jahren in eine rundliche Form über. Von 18–23 Jahren ist die Form in etwa dreieckig, über 23 Jahre wird sie dann längsoval.

8. **Formveränderung des Schneidezahnbogens**
Bei jungen Pferden bilden die Reibeflächen der Schneidezähne einen Kreisbogen mit geringem Durchmesser. Mit zunehmendem Alter flacht sich der Zahnbogen, besonders im Unterkiefer immer mehr ab. Bis zum Alter von 11 Jahren ist der Schneidezahnbogen des Unterkiefers, also zugleich mit dem Beginn des Rundwerdens der Reibeflächen der Zangen, halbmondförmig. Der Zahnbogen ist flach im Alter von 11–17 Jahren, gleichzeitig mit dem Dreieckigwerden der Reibeflächen der Zangen.
Vom 17.–23. Lebensjahr bilden die Reibeflächen der Zangen und Mittelzähne fast eine Gerade. Über 23 Jahre stehen alle Unterkieferschneidezähne mehr oder weniger in einer Geraden. Die Form des Zahnbogens ist also weitgehend durch die Form der Reibeflächen bedingt.

6. Der Einschliff und die Rinne an den Eckschneidezähnen des Oberkiefers

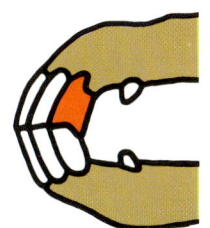

1. Einschliff mit 9 Jahren
2. Einschliff mit 15 Jahren
3. Einschliff mit 20 Jahren

Rinne (bei etwa 50 % der Pferde)

oberes Viertel
10 Jahre

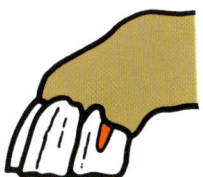

obere Hälfte
15 Jahre

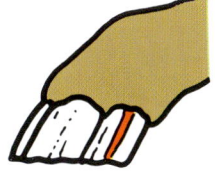

ganze Länge
20 Jahre

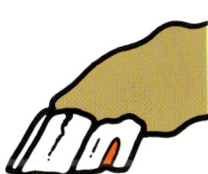

untere Hälfte
25 Jahre

unteres Viertel
30 Jahre

7. Die Formveränderung der Reibeflächen der Schneidezähne

breit
3-5 Jahre

dreieckig
18-23 Jahre

queroval
6-11 Jahre

längsoval
über 23 Jahre

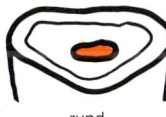

rund
12-17 Jahre

8. Die Formveränderng des Schneidezahnbogens

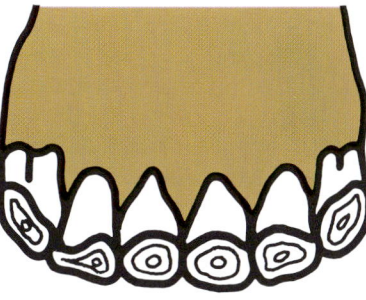

bis 11. Jahr
Zahnbogen halbmondförmig

11.-17. Jahr
Zahnbogen flach

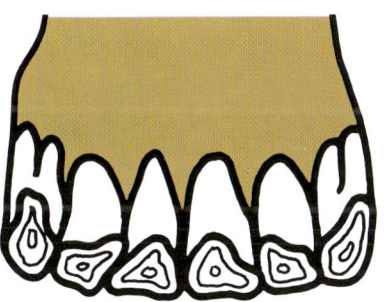

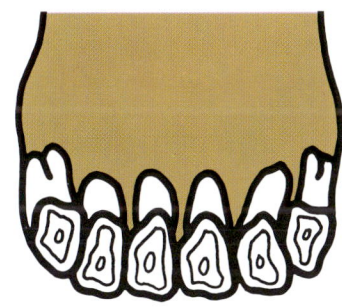

17. bis 23. Jahr
Zangen und Mittelzähne fast gerade

über 23 Jahre
Zangen- und Mittelzähne gerade

Das Auge und das Sehvermögen

Das Sehorgan setzt sich zusammen aus dem eigentlichen Auge (Augapfel) als Aufnahmeorgan, dem Sehnerven, den Muskeln zur Bewegung des Augapfels, den Augenlidern und dem Tränenapparat.

Gegen Druck und stumpfe Gewalteinwirkung ist der Augapfel durch ein reichlich vorkommendes Fettpolster in den **Augenhöhlen** geschützt. Wenn dieses Fettpolster gering ist, sinken die Augen tiefer in die Augenhöhlen ein. Über der Augenhöhle liegt die Schläfengrube, die bei älteren Pferden infolge des Abbaus der Fettpolster stark einsinken kann.

Beim Kauen sieht man in diesem Bereich eine Auf- und Abwärtsbewegung, die durch den in die Schläfengrube hineinragenden Muskelfortsatz des Unterkiefers, hervorgerufen wird.

Die **Augenlider** (7,10) schützen die durchsichtige Hornhaut vor äußeren Einwirkungen (**Lidreflex**) und halten sie feucht (**Lidschlag**). Zur Feuchthaltung dient die Tränenflüssigkeit der Tränendrüsen. Überflüssige **Tränenflüssigkeit** wird im inneren Augenwinkel (9) gesammelt und über den Tränennasengang abgeleitet, der im unteren Winkel des Nasenloches mit einer deutlich sichtbaren Öffnung mündet. Die durch Pigment gefärbte **Regenbogenhaut, Iris** (5) ist durch die Hornhaut hindurch sichtbar. Ihre querovale Öffnung in der Mitte (**Pupille, Sehloch**, 6) reguliert durch Eng- und Weitstellen den Lichteinfall durch die Linse. Am Pupillenrand befinden sich pfefferkorngroße Knötchen (**Traubenkörner**, 3). Die Anpassungsgeschwindigkeit an sich rasch ändernde Lichteinflüsse (Hallenturniere, Flutlichtspringen) scheint beim Pferd länger als beim Menschen zu sein.

Die seitliche Anordnung der Augen

Die Augenhöhlen sind etwas seitlich am Kopf angeordnet. Diese seitliche Anordnung kann variieren. Der Winkel, den ihre Achsen miteinander bilden, beträgt etwa 115°. Er stimmt nicht mit dem Winkel der Augenachsen überein. Der **Winkel der Augenachsen** beträgt beim Pferd 90°. Dadurch können Pferde zwar schlechter Formen sehen als z.B. Raubtiere, bei denen der Winkel der Augenachsen 20–50° beträgt. Sie überblicken dafür einen größeren Ausschnitt ihrer Umwelt. Jedoch ist das räumliche Sehen mehr oder weniger erschwert. Die Anordnung der Augen und die queroval liegende Pupille geben dem Pferd ein Gesichtsfeld von fast 360° bei gesenkt gehaltenem Kopf. Der Pflanzenfresser ist damit in der Lage einen größeren Ausschnitt seiner Umwelt gleichzeitig zu überblicken und damit einen nahenden Feind frühzeitiger zu erfassen, während Raubtiere mit einem kleinen Winkel der Augenachsen besser Formen und Entfernungen erkennen und abschätzen können. Es ist eine theoretische Überlegung, dass Pferde mit einem kleinen Winkel der Augenachsen, also mit relativ geradeaus gerichteten Augen und wenig seitlicher Anordnung Entfernungen und Formen besser taxieren können und somit besser als Springpferde geeignet sind.

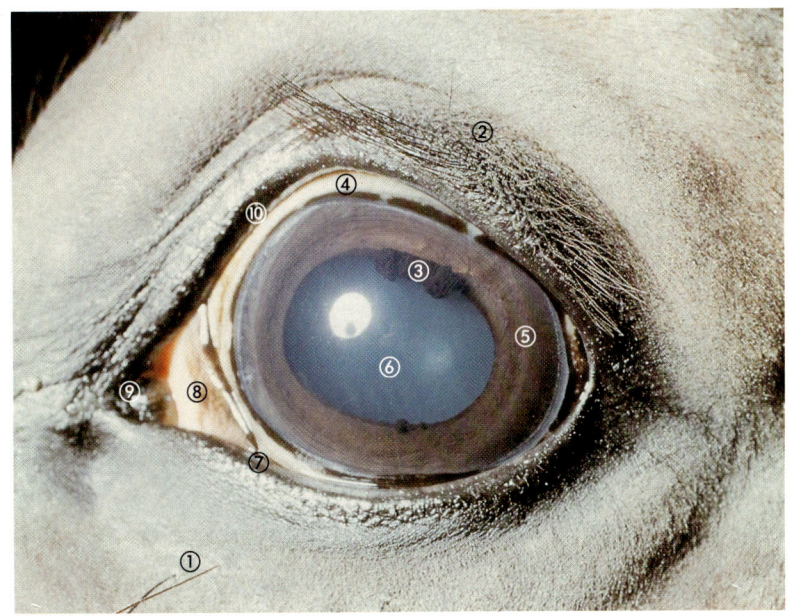

Das Auge von vorne

1. Tasthaare
2. Wimperhaare
3. Traubenkörner
4. Bindehaut
5. Iris
6. Pupille
7. Unterlid
8. Drittes Augenlid
9. Innerer Augenwinkel Tränennasengang
10. Oberlid

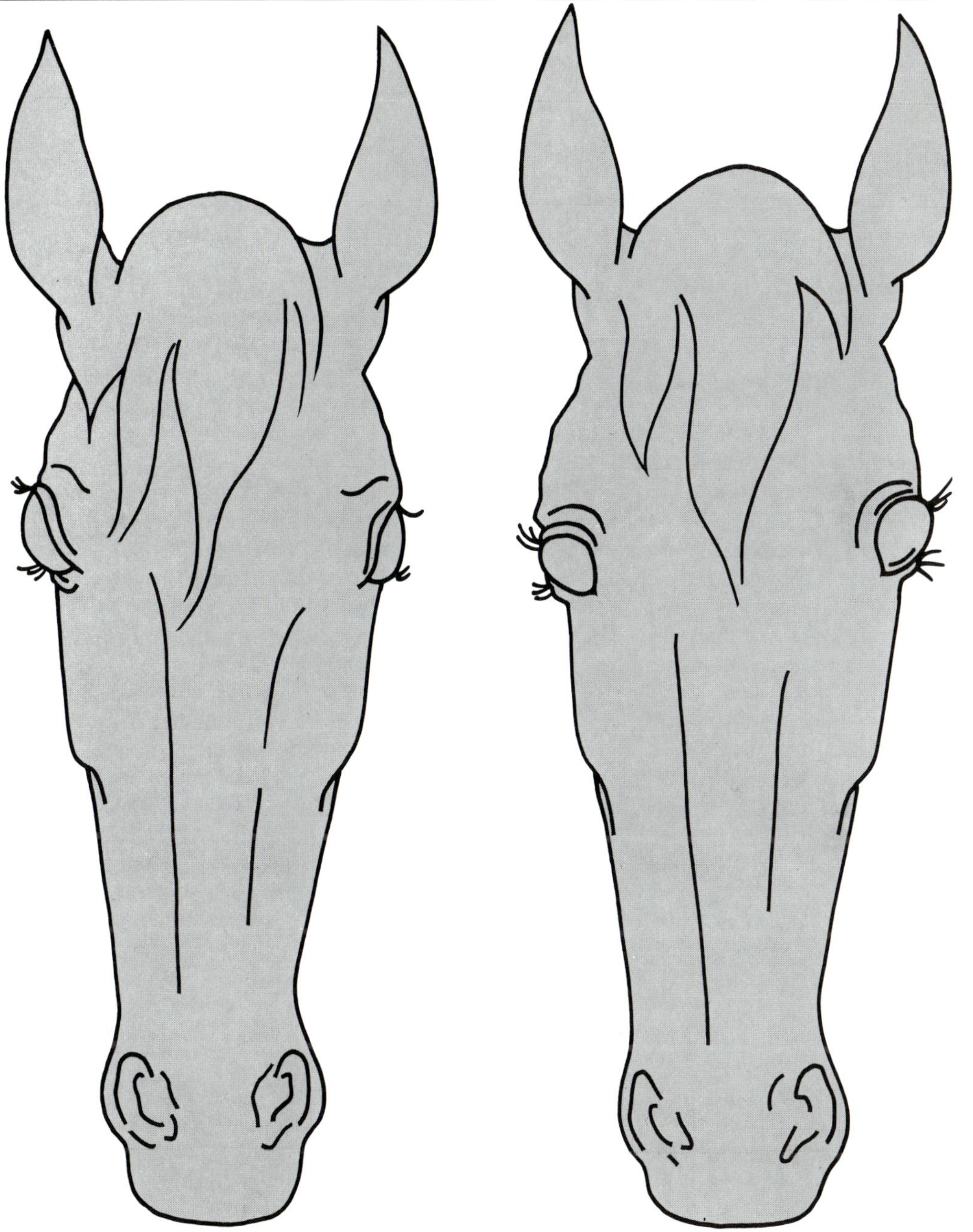

Die seitliche Anordnung der Augen
Die seitliche Anordnung der Augen am Kopf kann variieren. Je enger die Augen zusammenstehen (rechts), desto kleiner ist das gemeinsame Blickfeld beider Augen (ca. 60° - 90°).

Querschnitt durch das Auge (Augapfel)

Die **Hornhaut** (7) des Auges ist durchsichtig, sie weist eine stärkere Krümmung auf als die übrigen Abschnitte des Augapfels. Durch die Krümmung der Hornhaut werden die einfallenden Lichtstrahlen gebrochen. Die **vordere Augenkammer** (3) ist mit einer klaren, wässrigen Flüssigkeit, dem **Kammerwasser** gefüllt.

Die vordere Augenkammer ist erheblich größer als die hintere (2). Der Füllungsgrad der Augenkammern bestimmt den Innendruck des Augapfels maßgebend. Die **Regenbogenhaut** (8) begrenzt mit ihrem freien Rand das **Sehloch** (6). Die beiden Augenkammern stehen über die Pupille (Sehloch) miteinander in Verbindung. Die Farbe der Iris (Regenbogenhaut) verleiht dem Auge seinen besonderen Charakter. Sie ist im Wesentlichen vom Pigmentgehalt abhängig. Je dichter die Pigmentzellen liegen, umso dunkler braun ist die Regenbogenhaut gefärbt. Ungleichmäßig fleckige Zeichnungen können vorkommen. Die querovale Öffnung der Pupillen reguliert durch Eng- oder Weitstellen den Lichteinfall. Am Pupillenrand befinden sich pfefferkorngroße Knötchen (**Traubenkörner**, 4).

Die **Linse** (5) ist ein glasartig durchsichtiges, kompaktes Organ. Sie ist in der Lage durch Veränderungen ihrer Krümmung das Lichtbrechungsvermögen zu verändern. Somit entsteht von Gegenständen in verschiedenen Entfernungen ein scharfes Bild, das aber in der Schärfe der Bildeinzelheiten nicht die des Menschen erreicht. Die im Allgemeinen auf Fernsicht eingestellte Linse kann beim Pferd nur schwer auf kurze Entfernungen eingestellt werden. Der Abstand von der Hornhaut zur Netzhaut ist im Unterschied zum Menschenauge ungleich, damit kann das Sehen bei unterschiedlicher Entfernung der Gegenstände effektiver durch Erhöhen oder Erniedrigen der Blickrichtung und nicht nur durch Änderung der Linsenkrümmung eingestellt werden. Der hinter der Linse den Augapfel ausfüllende **Glaskörper** (9) besteht aus einem durchsichtigen farblosen und gallertartigen Stoff.

Die innerste Schicht des Augapfels ist die auf Lichtreize empfindliche **Netzhaut** (10). Die Nervenfaserschicht der Netzhaut ist unter den Haussäugetieren beim Pferd am dicksten. An der Eintrittsstelle des **Sehnerven** (11) in den Augapfel befindet sich der so genannte **blinde Fleck** (12), der keine lichtempfindlichen Nerven enthält. Die Anpassungsbreite an starke Helligkeit und tiefe Dunkelheit ist beim Pferd größer als beim Menschen. Jedoch scheint die Anpassungszeit (Adaptation), wie bereits erwähnt, bei raschen Helligkeitsänderungen verlängert zu sein. Das **Farbsehen** erfolgt beim Pferd mit einer anderen Intensität als beim Menschen. Die Farbbereiche gelb und grün werden intensiver als blau und rot gesehen. Der menschlichen Sehweise weit überlegen ist die **Bewegungssehschärfe** des Pferdes. Kleinste, kurzzeitige Bewegungen können erkannt werden. Oft ist das ein Grund zum Scheuen, ohne dass der Reiter die Ursache bemerkt hat.

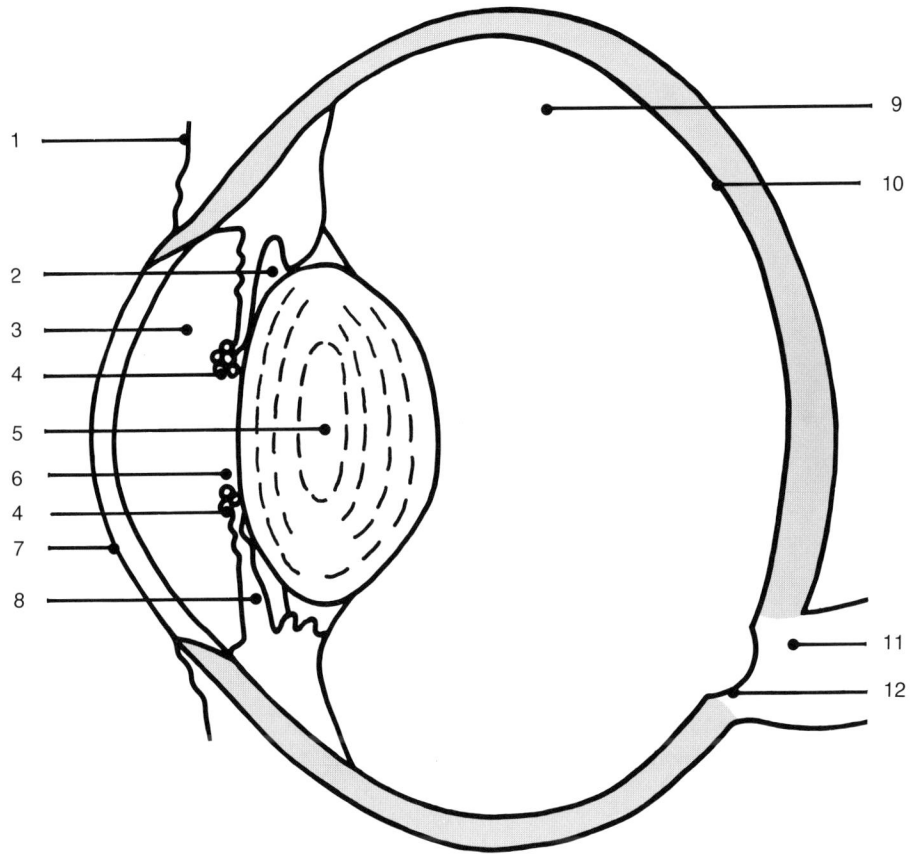
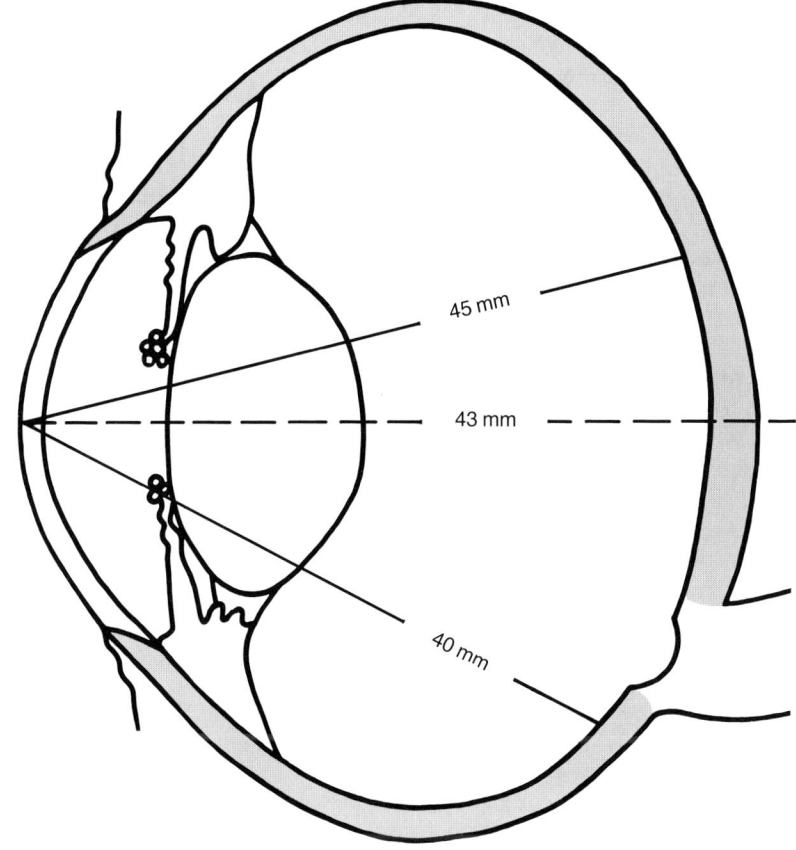

1 Bindehaut
2 hintere Augenkammer
3 vordere Augenkammer
4 Traubenkörner
5 Linse
6 Sehloch, Pupille
7 Hornhaut
8 Regenbogenhaut, Iris
9 Glaskörper
10 Netzhaut
11 Sehnerv
12 blinder Fleck

Der Abstand von der Hornhaut zur Netzhaut ist im Unterschied zum Menschenauge ungleich. Damit kann das Sehen bei unterschiedlicher Enffernung effektiver durch Erhöhen oder Erniedrigen der Blickrichtung und nicht nur durch Änderung der Linsenkrümmung eingestellt werden.

Das Gesichtsfeld des Pferdes von der Seite und von oben

Der **rot** gekennzeichnete Bereich wird vom Pferd mit beiden Augen gleichzeitig gesehen. Darum kann das Pferd in diesem Bereich räumlich sehen, d.h. Formen und Entfernungen abschätzen. Der **gelb** gekennzeichnete Bereich wird nur mit einem Auge gesehen. Bewegungen können in diesem Bereich sehr gut erkannt werden. (Scheuen des Pferdes). Richtet das Pferd mit erhobenem Kopf seinen Blick vorwärts auf ein Objekt (Sprung) sieht es kaum etwas in den seitlichen Bereichen. Weiß eingezeichnet ist der tote Winkel unmittelbar im Bereich der Nüstern und davor. Dieser Winkel reicht in etwa soweit wie das Pferd mit den Vorderbeinen vortreten kann. Richtet das Pferd seinen Blick auf ein Hindernis, dann erfolgt das Sehen überwiegend in dem Bereich, der mit beiden Augen gleichzeitig erfasst wird. Für diese besondere Situation ergibt sich:

1. unscharfes Sehen bei erhobenem, besseres Sehen bei gesenktem Kopf
2. klares, scharfes Blickfeld
3. gutes Entfernungssehen
4. undeutliche Sicht, solange der Kopf nicht seitwärts gewendet wird. Bewegungen können wahrgenommen werden.

In dieser Zeichnung ist die Entfernung durch die perspektivische Darstellung von oben verzeichnet.

Das Entfernungssehen
Der ungleiche Abstand von Hornhaut zu Netzhaut ermöglicht das Sehen bei unterschiedlicher Entfernung durch Erhöhen oder Erniedrigen der Blickrichtung. Wenn ein Pferd zu einem entfernten Objekt am Boden schaut (A) muss der Lichtstrahl auf einen bestimmten Punkt der Netzhaut (A') fallen, um ein scharfes Bild zu geben. Die näher gelegenen Objekte (B und C) müssen auf einen höher gelegenen Fleck der Netzhaut fallen (B' und C'). Die gestrichelte Linie ist die optische Achse des Auges.

Das Gesichtsfeld des Pferdes
a) von der Seite

volle Sicht
undeutliche Sicht
toter Winkel
undeutliche Sicht

Richtet das Pferd mit erhobenem Kopf seinen Blick vorwärts auf ein Objekt (Sprung), sieht es kaum etwas in den seitlichen Bereichen.

b) von oben

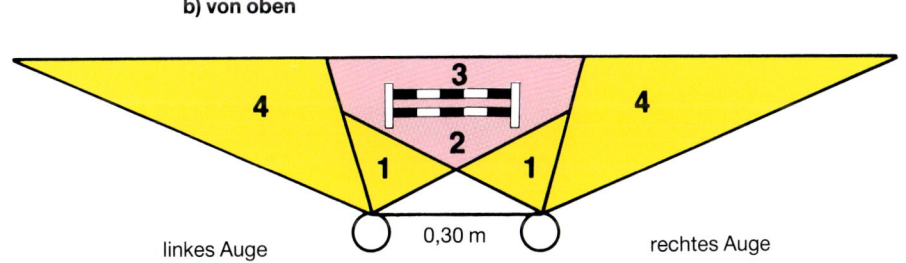

linkes Auge   0,30 m   rechtes Auge

1. Unscharfes Sehen bei erhobenem, besseres Sehen bei gesenktem Kopf
2. Klares, scharfes Blickfeld
3. gutes Entfernungssehen
4. undeutliche Sicht, solange der Kopf nicht seitwärts gewendet wird. Bewegungen werden wahrgenommen.

Die Entfernungen sind durch die perspektivischen Darstellungen von oben verzeichnet.

Das Entfernungssehen

Wenn ein Pferd zu einem entfernten Objekt am Boden schaut (A), muß der Lichtstrahl auf einen bestimmten Punkt der Netzhaut (A') fallen, um ein scharfes Bild zu ergeben.
Die näher gelegen Objekte (B und C) müssen auf einen höher gelegenen Fleck der Netzhaut fallen (B' und C').
Die gestrichelte Linie ist die optische Achse des Auges.

Das Gesichtsfeld des Pferdes bei erhobenem Kopf

Der **rot** gekennzeichnete Bereich wird mit beiden Augen gesehen. Es entsteht ein räumliches und scharfes Bild. Der **gelb** gekennzeichnete Bereich wird mit dem rechten, bzw. mit dem linken Auge gesehen. Es entsteht ein unscharfes Bild, in dem aber kleinste Bewegungen wahrgenommen werden können (Scheuen). Kleinste, kurzzeitige Bewegungen bei denen das menschliche Auge viel zu träge ist, um sie zu erkennen, können vom Pferd gleichsam in Zeitlupe gesehen werden. Wenn wir mit unseren Augen einen Film sehen, verschwimmen die einzelnen Bilder zu einer fließenden Bewegung. Das Pferd würde einen derartigen Film als hintereinander folgende Einzelaufnahmen erkennen können. Der **weiß** gekennzeichnete Bereich kann nicht eingesehen werden. Nach vorne befindet sich in Breite des Abstandes beider Augen bis zu 1,30 m am Boden vor der Nase ein toter Winkel. Will das Pferd in kurzer Entfernung einen Gegenstand am Boden (Stück Papier, Cavaletti oder ähnliches) scharf sehen, muss es dazu den Kopf gesenkt halten. Beim Grasen auf der Weide hat das Pferd ein fast vollständiges Gesichtsfeld. Bei erhobenem Kopf mit direkt vorwärts gerichtetem Blick ist es möglich, dass das Pferd zwei Bilder sieht bei seitlicher Blickrichtung beider Augen.

Das Gesichtsfeld des Pferdes bei erhobenem Kopf von der Seite

Das Gesichtsfeld des Pferdes bei erhobenem Kopf von oben

Lage erkennbarer Veränderungen

1. **Kopf**
   a) **Genickbeule (Talpa)**
      Entzündliche Anschwellung der Weichteile in der Genickgegend
      Genickfistel
      eröffnete, nicht abheilende Genickbeule
   b) **Geschwülste der Augenlider**
      gutartig und bösartig an den Augenlidern und in ihrer unmittelbaren Umgebung
   c) **Tränenfluss**
      bei Lidbindehautentzündung, bei periodischer Augenentzündung, bei Verstopfung des Tränennasenganges
   d) **grauer Star**
      Trübung der Linse
   e) **Zahnfistel**
      Durchbruch nach eitriger Entzündung eines Zahnes
   f) **Ohrfistel**
      Fistel am vorderen Rand der Ohrmuschel durch angeborene Missbildung (versprengte Zahnanlage)
   g) **Nasenausfluss**
      einseitig oder beiderseitig; spärlich oder reichlich; gleichmäßig oder schubweise, wasserhell, farblos, grau, grauweiß, gelblich, rostbraun, blutrot oder schmutziggrün; geruchlos, kariös oder faulig; jauchig wasserähnlich, schleimig, eitrig, rahmartig oder blutig
   h) **Fleischwarzen**
      vielzählig an den Lippen und an den Backen verhornte, haarlose Wucherungen auf der Haut
   i) **Lähmung des Gesichtsnerves**
      herabhängende Unterlippe, Schwierigkeiten beim Fressen und Saufen, Verengung des Nasenloches, eventuell Muskellähmungen am Ohr und am Auge
   j) **Lymphknotenschwellung**
      bei Infektionskrankheiten
   k) **Kopfräude**
      ansteckende Hautkrankheit verursacht durch Räudemilben einer bestimmten Gattung (Sarkoptesräude)

2. **Hals, Rumpf, Schweif**
   a) **Kropf (Struma)**
      Vergrößerung der Schilddrüse
   b) **Aderlassfistel**
      eitrige Entzündung der Drosselvene
   c) **Mähnengrind**
      mit eitriger Krustenbildung einhergehende Hauterkrankung
   d) **Satteldruck, Geschirrdruck**
      Druckschaden am Widerrist
      Widerristfistel
      Fistel nach eitriger Entzündung
   e) **Schweißekzem in der Sattellage**
      (Hitzknoten, Hitzpocken) Knötchen mit Schwellung und Empfindlichkeit
   f) **Brustbeule (Bugbeule)**
      Lymphknotenvereiterung
   g) **Nabelbruch**
      abnorm große Nabelöffnung mit säckchenförmiger Vorwölbung (**Erbfehler**)
   h) **Flankenbruch**
      Einreißen der Bauchwand über der Kniefalte
   i) **Hodensackbruch**
      Darmschlingen sind durch den erweiterten Leistenring in den Hodensack vorgedrungen
   j) **Schiefschweif**
      Schieftragen durch einseitige Muskelschwäche oder Gelenkkontrakturen
   k) **Schweifgrind**
      mit Krustenbildung einhergehende Hauterkrankung
   l) **Hammelschwanz**
      Lähmung der Schweifrübe
   m) **Karpfenrücken**
      aufgekrümmte Rückenlinie im Bereich der Lendenwirbelsäule

3. **Vordergliedmaße**
   a) **Stollbeule, Ellbogenbeule durch Quetschung (Stollen beim Liegen)**
      bedingte Anschwellung in der Gegend des Ellbogenhöckers
   b) **Karpalbeule (Kniebeule, Liegebeule, Knieschwamm)**
      Schwielenbildung in der Haut, Schleimbeutelentzündung und/oder Bluterguss der Unterhaut
   c) **Sehnenscheidengalle**
      stärkere Füllung der Sehnenscheiden
   d) **Sehnenscheidenentzündung des Streckers des Vorderfußwurzelgelenkes „Sprungknie"**
      insbesondere beim Springpferd nach Sturz oder Gegenschlagen mit dem Vorderfußwurzelgelenk
   e) **Überbein**
      Knochenzubildung im oberen Drittel an der Innenseite des Röhrbeins
   f) **Wade, Bogen**
      teilweise Zerreißung einzelner Sehnenfasern der oberflächlichen Beugesehne. Im Verlauf der Ausheilung kommt es zu entzündlichen Zuständen mit Gewebszubildung (Sehnenentzündung)
   g) **Sehnenklapp**
      Entzündung (teilweise Zerreißung) der tiefen Beugesehne

4. **Hintergliedmaße**
   a) **Entzündung des Kniescheibengelenkes**
      vermehrte Gelenkfüllung durch Erguss
   b) **Piephacke**
      Anschwellung auf dem Fersenhöcker durch Quetschung der Haut, des Schleimbeutels, der Kappe des oberflächlichen Zehenbeugers oder der Knochenhaut des Fersenhöckers
   c) **Eiergalle**
      Quetschung des Schleimbeutels unter der Kappe des oberflächlichen Zehenbeugers
   d) **Kreuzgalle (Sprunggelenkgalle, durchgehende Galle)**
      vermehrte Flüssigkeitsansammlung im Sprunggelenk
      Wasserspat
      Kreuzgalle, die besonders vorne innen am Sprunggelenk vortritt.
   e) **Spat**
      deformierende Erkrankung des Sprunggelenks an der Innenseite. An der Erkrankung sind alle Teile des Gelenkes (Knochenhaut, Gelenkkapsel, Gelenkbänder, Knorpel und Knochen) beteiligt
   f) **Rehbein, Rehspat**
      spatähnliche Erkrankung an der Außenfläche des Sprunggelenkes
   g) **Hasenhacke, Kurbe**
      Sammelbegriff für verschiedenartige Krankheitszustände an der Hinterfläche des Fersenbeines und Sprunggelenkes durch Entzündung der tiefen Beugesehne (harte Sehnenhasenhacke), durch Entzündung der Sehnenscheide der tiefen Beugesehne (weiche Sehnenhasenhacke), durch spatartige Erkrankungen der Knochen des Sprunggelenkes an der Hinterfläche (Knochenhasenhacke, Hasenspat) oder durch erblich bedingte Vergrößerung des äußeren Griffelbeinkopfes (verletzte Linie)
   h) **Raspe**
      schuppige Hauterkrankung in den Fußwurzelbeugeseiten

Wissenschaftliche Publikationen

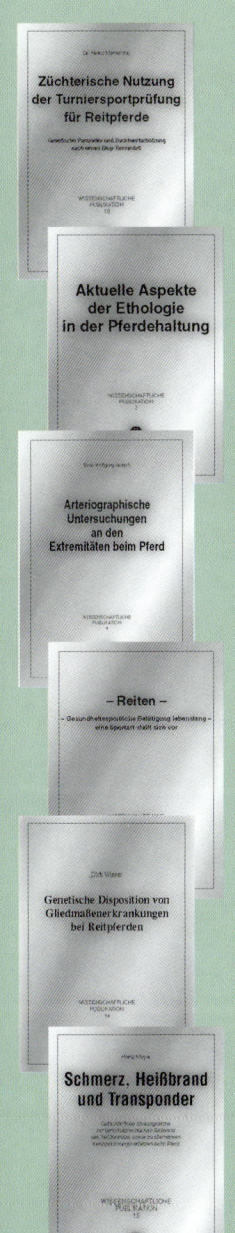

Meinardus, Dr. Heiko
Züchterische Nutzung der Turniersportprüfung für Pferde
2. Auflage 1991, 176 Seiten,
Format 148 x 210 mm, kt.
ISBN 3-88542-212-3 EUR 15,00*

Deutsche Reiterliche Vereinigung/
Zeeb Dr. Klaus
Aktuelle Aspekte der Ethologie in der Pferdehaltung
1. Auflage 1981, 116 Seiten,
Format 148 x 210 mm, kt.
ISBN 3-88542-033-3 EUR 6,00*

Hertsch, Prof. Dr. Bodo
Arteriographische Untersuchungen an den Extremitäten beim Pferd
1. Auflage 1983, 345 Seiten,
75 Abb., Format 165 x 235 mm, kt.
ISBN 3-88542-036-8 EUR 34,00*

Deutsche Reiterliche Vereinigung
Reiten – Gesundheitssportliche Betätigung lebenslang – eine Sportart stellt sich vor
1. Auflage 1991, 56 Seiten, 16 Abb.,
Format 148 x 210 mm, kt.
ISBN 3-88542-244-1 EUR 12,00*

Winter, Dr. Dirk
Genetische Disposition von Gliedmaßenerkrankungen bei Reitpferden
1. Auflage 1996, 88 Seiten,
Format 148 x 210 mm, kt.
ISBN 3-88542-286-7 EUR 24,00*

Meyer, Prof. Dr. Heinz
Schmerz, Heißbrand und Transponder
1. Auflage 1997, 200 Seiten,
Format 148 x 210 mm, kt.
ISBN 3-88542-291-3 EUR 24,00*

Hertsch, Prof. Dr. Bodo
Internationales Symposium Strahlbeinlahmheiten
1. Auflage 1994, 296 Seiten,
Format 148 x 210 mm, kt.
ISBN 3-88542-271-9 EUR 34,00*

Hertsch, Prof. Dr. Bodo
Internationales Symposium Diagnostik beim Pferd
1. Auflage 1997, 158 Seiten,
Format 148 x 210 mm, kt.
ISBN 3-88542-316-2 EUR 29,00*

Finkler-Schade, Christa
Felduntersuchung während der Weideperiode zur Ernährung von Fohlenstuten und Saugfohlen sowie zum Wachstumsverlauf der Fohlen
1. Auflage 1999, 256 Seiten,
Format 148 x 210 mm, kt.
ISBN 3-88542-329-4 EUR 24,00*

Hackländer, Rainer
Praxisorientierte Untersuchungen zur Fütterung und zum Wachstum von Warmblutfohlen nach dem Absetzen während der Stallhaltung
1. Auflage 1998, 112 Seiten,
Format 148 x 210 mm, kt.
ISBN 3-88542-336-7 EUR 21,00*

Velsen-Zerweck, Astrid von
Integrierte Zuchtwertschätzung für Zuchtpferde
1. Auflage 1999, 112 Seiten,
Format 148 x 210 mm, kt.
ISBN 3-88542-341-3 EUR 21,00*

Brockmann, Axel
Entwicklung einer Eigenleistungsprüfung im Feld für Hengste unter Berücksichtigung der Turniersportprüfung
1. Auflage 1999, 112 Seiten,
Format 148 x 210 mm, kt.
ISBN 3-88542-343-X EUR 21,00*

Kissenbeck, Silke
Einfluß eines Trainings auf den Glykogengehalt und Glykogenverbrauch im M. glutaeus medius von Pferden
1. Auflage 1999, 112 Seiten,
Format 148 x 210 mm, kt.
ISBN 3-88542-344-8 EUR 21,00*

Meyer, Heinz
Zur Implantation des Transponders beim Reitpferd. Eine gutachterliche Stellungnahme
1. Auflage 2000, 126 Seiten,
Format 148 x 210 mm, kt.
ISBN 3-88542-363-4 EUR 24,00*
Auch in englischer Sprache lieferbar!
ISBN 3-88542-366-9 EUR 24,00*

Schäfer, Bettina
Reaktionen physiologischer Leistungskriterien auf zusätzliches Ausdauertraining während der reiterlichen Ausbildung von Sportpferden
1. Auflage 2000, 176 Seiten,
Format 148 x 210 mm, kt.
ISBN 3-88542-364-2 EUR 24,00*

Weiler, Horst
Insertionsdesmopathien beim Pferd
1. Auflage 2002, 168 Seiten, mit über 100 farb. Abb.,
Format 210 x 297 mm, kt.
ISBN 3-88542-375-8 EUR 39,00

Teresa Dohms
Einfluss von genetischen und umweltbedingten Faktoren auf die Fruchtbarkeit von Stuten und Hengsten
1. Auflage 2002, 160 Seiten, zahlr. Abb.,
Format 148 x 210 mm, kt.
ISBN 3-88542-388-X EUR 24,00

Schedel-Stupperich, Alexandra
Schwere Gewaltdelikte an Pferden
1. Auflage 2002, 128 Seiten, zahlr. Abb.,
Format 148 x 210 mm, kt.
ISBN 3-88542-389-8 ca. EUR 24,00

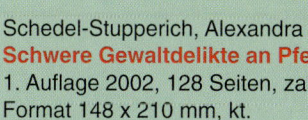

* unverbindliche Preisempfehlung

FN-Lehrtafeln
Im Großformat 100 x 70 cm mit Aufhängevorrichtung

	ISBN 3-88542-
Für Pferde giftige Pflanzen	052-X
Hufschlagfiguren	053-8
Lage erkennbarer Veränderungen	054-6
Zäumungen	055-4
Farben und Abzeichen	056-2
Der Sitz des Reiters	057-0
Exterieur	058-9
Vorder- und Hintergliedmaße	059-7
Eingeweide	060-0
Zahnalterbestimmung	061-9
Auge und Sehvermögen	062-7
Skelett	063-5
Muskulatur	064-3
Hufe	065-1
Kreislauf	066-X
Atmungsorgane	067-8
Einspänner-Brustblattgeschirr	301-4
Zweispänner-Brustblattgeschirr	302-2
Einspänner-Kumtgeschirr	303-0
Zweispänner-Kumtgeschirr	304-9
Achenbachleine	305-7
Anspannungsarten	306-5
Verkehrssicherheit des Wagens	307-3
Distanzen	071-6
Zweifache Kombinationen	072-4
Dreifache Kombinationen	073-7
Hindernisarten/Hindernistypen	074-0
Voltigieren D-Pflicht	075-9
Voltigieren C-Pflicht	076-7
Voltigieren A/B-Pflicht	077-5

30 Tafeln, 100 x 70 cm mit Klemmleisten und Aufhängevorrichtung   je Tafel EUR 12,80*

Kompletter Satz, ISBN 3-88542-078-3   EUR 300,00*

Auch als Pferdetafeln im DIN-A4-Format einzeln erhältlich, Stück je EUR 1,50* (Mindestabnahme 5 Tafeln)

* unverbindliche Preisempfehlung